Nombres perfectos para bebé es el compendio en el que sin duda usted encontrará el nombre ideal para su hijo.

Esta obra contiene una recopilación de los nombres más apropiados en la actualidad, con su origen, significado, variantes y traducciones y las mejores combinaciones o nombres compuestos. Señala también qué personajes históricos y celebridades del momento han llevado el nombre que a usted más le interesa.

Nombres perfectos para bebé le ofrece, pues, toda la información que había estado buscando. ¡Compruebe qué fácil puede ser la selección del nombre de su hijo!

Mónica Stevens

NOMBRES PERFECTOS PARA BEBE

OBRA PUBLICADA
INICIALMENTE CON EL TITULO:
Nombres ideales para bebé

SELECTOR
actualidad editorial

NOMBRES PERFECTOS PARA BEBE

D.R. © 1988, Compañía General de Ediciones, S.A. de C.V.
Mier y Pesado 128, Col. Del Valle, 03100 México, D.F.

Portada: Sergio Osorio

ISBN: 968–403–407–5

Vigésima novena reimpresión. Junio de 2003

Contenido

Con todo mi amor, a mi esposo Colin Peter y a mi hijo Colin William, por su gran paciencia.

Introducción

Muchos de nosotros, padres de familia, nos hemos encontrado ante el dilema de cómo llamar al recién nacido. Hay casos en los que ese problema no existe ya que sin lugar a dudas el niño se llamará, con gran reverencia, "Maximiliano, como su bisabuelo" o simplemente "Jorge, como su papá". Sin embargo, podría darse el caso de alguien que pensara que no es una gran idea repetir nombres y que desee para su vástago un nombre distinto, original, y sobre todo no tan común que en la escuela se olviden del nombre para llamarle por el apellido debido a que hay veinte "Juanitos" más en la clase.

Por otro lado, a veces es necesario un nombre sonoro y lo suficientemente original como para opacar apellidos, digamos, difíciles de tener pero fáciles de rimar con palabras chuscas, que provoquen risas malintencionadas o motes de dudoso gusto.

Introducción

Tengo una prima casada con un doctor portador de uno de estos apellidos. Al nacer el primer niño, el padre recordó cuán dura había sido su niñez en la escuela — y hasta en la universidad — cada vez que el profesor pasaba lista, por lo cual, tras cuidadosa consideración, mi prima y su marido decidieron llamar al niño Lizardo, un nombre diferente, tan original y sonoro que resultó más fácil de recordar que el apellido del jovencito. Así, Lizardo no ha tenido jamás que sufrir los problemas de su padre ni ha resultado con ningún ojo morado defendiendo el blasón de la familia.

En circunstancias en las que la madre es mexicana y el padre extranjero se origina un problema similar. Si el apellido es Coleman-Wood, ¿cómo se puede llamar a la niña Lupe? Ciertamente que hay otros nombres mexicanos muy bellos, pero es difícil que no choquen con un apellido extranjero en su gran mayoría. Debemos siempre tener en cuenta nuestro apellido para evitar un choque de identidades en nuestro bebé (como sería el caso de un niña llamada Xúchitl Schwarzenegger).

Al hojear revistas como *Jet Set, Hola y Escándalo,* muchos de nosotros pensamos al ver esas magníficas tomas fotográficas ¡cuánta elegancia! ¡qué gente tan importante! y al comenzar a leer los textos y pies de foto, ¡qué nombres tan originales!

En algunos casos, el nombre es verdaderamente original, como el de Irita, una combinación de Irene y Rita que es el nombre de Irita Van Doren, la editora de libros del Herald Tribune de Nueva York. En otros, se utilizaron nombres comunes y corrientes, pero que unidos a un apellido rimbombante o a una situación extraordinaria, hoy nos recuerdan al personaje en cuestión. ¿A quién no le gustaría llamarse como la heredera más rica del mundo? Pues su nombre es simplemente Cristina, pero eso sí, ¡Cristina Onassis! ($$$). ¿O como uno de los mejores tenistas del mundo (Boris), o como el famoso playboy que consiguió emparentar con la realeza (Philippe), o como una de las damas mejor vestidas del mundo (Jacqueline) ?

Pongamos otro ejemplo, en el que usted ha elegido un elegante nombre para el recién nacido. Después de todo, el nuevo bebé merece lo mejor. Cierto que es un nombre extranjero, pero eso no importa, ya que al momento en que su retoño salga a la calle, no faltará algún "acomedido" entre sus amistades que ni tardo ni perezoso proporcione la traducción correspondiente. Entonces, qué le parecerá que su magnífico "Philip John" quede convertido en "Juan Felipe", su pomposo "Henry" en "Quiquito" y su majestuosa "Elizabeth" resulte ser "Chabe"? Gancho al hígado, ¿verdad?

Sin embargo, rete a cualquiera de sus amigos, al más imaginativo, a traducir Jill o Kabir o Astrid. Incluso apuésteles alguna cantidad. Se hará usted rico, pues es punto menos que imposible traducir estos nombres (¡por lo menos al español!). Así, usted habrá ganado la partida. Su niño podrá ostentar ese nombre tan cuidadosamente elegido y habrá un "Pepito" menos en las aulas de las escuelas mexicanas.

Mientras más haya de dónde escoger, mejor se elegirá el nombre del bebé. Hay que recordar que en la variedad está el gusto.

Al pensar en los nombres del celuloide vienen a nuestra memoria los recuerdos de películas y personajes que nos han causado mayor impresión. Cuando yo era niña mi madre me llevó a ver "Lo que el Viento se Llevó" e inmediatamente decidí que mi primera niña se llamaría

Introducción

Scarlett y el niño Rhett (aunque no fuera como Clark Gable). Sin embargo al tomar estas decisiones olvidé un pequeño detalle: la opinión del marido. Así que hoy cuento con un pequeño Colin William, por lo cual "Rhett" ha quedado eliminado, pero no descarto la posibilidad de una "Scarlett" (ahora sí, ¡tope en lo que tope!).

El nombre del actor hace la película en muchas ocasiones. ¿Qué aficionado a las películas de vaqueros se perdería de una con un reparto encabezado por John Wayne? Aunque la realidad es que este taquillero actor de Westerns no se llamaba John sino Marion; pero ¿quién hubiera querido un "Marion" como actor protagonista de "La Diligencia"?

Es por esto que la importancia del nombre es básica para el desarrollo profesional del individuo. Si una doctora se llama Crucifixión, eso ya da algo qué pensar al solicitarse sus servicios.

En todos estos casos, sin embargo, ¿qué nombre podría dar a su hijo? ¿Cómo se debe elegir el apelativo que lo acompañará siempre, le ayudará o perjudicará el resto de sus días y hasta posiblemente afectará aspectos de su personalidad?

Se han escrito infinidad de libros sobre cómo elegir el nombre para su bebé, con derivativos, origen y homónimos famosos; sin embargo, en esta obra la autora ha tratado de dar un enfoque distinto a lo que de otra forma resultaría simplemente otra lista más de nombres. No pretendo en modo alguno indicar al lector qué nombre dar a sus descendientes pero siempre resulta conveniente, como en el caso de los médicos, "recibir una segunda opinión".

Espero que el lector encuentre este libro no solamente informativo, sino también ameno y divertido, si bien enfocado principalmente a los futuros padres de familia, no de interés únicamente para ellos sino para el público en general, con su contendio de nombres históricos, televisivos, aristocráticos y sus secciones de "Nombres ... sin comentario", "Nombres combinados", "Nombres devotos" y "Lo que puede pasar con ese Nombre del que está usted tan orgulloso".

Espero que usted disfrute la lectura de esta obra tanto como yo he disfrutado escribiéndola y ¡Felicidades por el bebé!

Nombres

PARA NIÑO

Aarón
(hebreo) "Elevado, exaltado". El primer gran sacerdote hebreo. Aarón Hernán, actor mexicano. Variación: Haroun (árabe).

Abán
(persa) Un genio de la mitología persa.

Abner
(hebreo) "Padre de la luz". Popular personaje de las tiras cómicas del domingo ("El Chiquito Abner").

Abraham
(hebreo) "Padre de la multitud". El más exaltado fundador del pueblo hebreo. Abraham Lincoln, presidente norteamericano que abolió la esclavitud por medio de la guerra civil.

Acalli
(náhuatl) "Que flota en el agua".

Acatl
(náhuatl) "Carrizo de agua". Eran las antiguas tuberías prehispánicas.

Acolhua
(náhuatl) "El fuerte". Equivalente a Ricardo o Walter.

Acrisio
(griego) Hermano de Proto en la mitología griega. Su hermano le robó el trono, mismo que fue recuperado por su nieto, el héroe Perseo.

Adalberto
Variación de Alberto.

Adán
(hebreo) "Hombre de tierra roja". El primer hombre fue así creado.

Adolfo
(antiguo germano) Adawolf "lobo noble o "héroe noble". Variaciones: Adolphó, Dolf. Adolfo López Mateos y Adolfo Ruiz Cortines, presidentes de México. El Rey Gustavo Adolfo de Suecia.

Agustín
(latín) "Majestuoso, digno de reverencia". Agustín Víctor Casasola, célebre fotógrafo mexicano, creador del "Archivo Fotográfico de la Nación", con su colección de fotografías de la revolución mexicana y de otros eventos importantes de

esa época. Agustín de Iturbide, jefe del Ejército Trigarante y posteriormente Emperador de México.

Ahuitz

(náhuatl) "Aquel que tiene alas para volar".

Akin

(turco) "Guerrero". (Se pronuncia Akn).

Alam

(maya) "Cachorrito".

Alain

(celta) "Bello" o " armonía". Alain Delon, actor francés. Variación: Allan. Allan Alda, protagonista de la serie de televisión "Mash".

Alberto

(inglés antiguo) "Noble y brillante" o "ilustre". El Príncipe Alberto, heredero al trono de Mónaco. Alberto Einstein, eminente científico alemán.

Alejandro

(griego) "El que evita a los hombres" o "el protector". Variaciones: Alexei (ruso), Sascha (dim. de Alexei), Alexander (inglés). Alexandros (griego).

Alfonso

(germano) "El que lucha". El cantante mexicano, Alfonso Ortíz Tirado. Alfonso de Hohenlohe. Alfonso Caso, Ministro de Bienes Nacionales durante el sexenio del Presidente Miguel Alemán.

Alfredo

(inglés antiguo) Aelfraed, "buen consejero". El Rey Alfredo, el Grande, de Inglaterra. Alfred Hitchcock, autor de grandes novelas de suspenso y misterio.

Amado

(latín) "Aquél que es querido". El poeta mexicano Amado Nervo ("En Paz" y "Gratia Plena").

Amulio

(latín) Tirano de Alba, usurpador del trono de su hermano Numitor, abuelo de los fundadores de Roma, Rómulo y Remo.

Andrés

(griego) "Masculino". Variaciones: Andrea (italiano), Andrew (inglés), André (francés). El príncipe Andrés de Inglaterra, Duque de York. El actor mexicano, Andrés García.

Angel

(griego) "Mensajero". El poeta Angel Martín.

Anom

(maya) "El primer nombre".

Anquises

(griego) Un joven y hermosísimo pastor de la mitología griega de quien se enamoró la diosa Afrodita. El resultado de sus amores fue Eneas, el héroe del poeta Virgilio.

Antonio

(latín) Nombre gentilicio. Personaje de William Shakespeare en la obra "Antonio y Cleopatra". Marco Antonio, tribuno de Roma, amante de Cleopatra. Antonio, el mejor bailarín de danza clásica española. Marco Antonio Muñiz, cantante mexicano. Variaciones: Anthony (inglés), Antoine (francés), Antón.

Apolo

(griego) Segundo dios más importante de la mitología griega. Conocido como Helios en la mitología romana. Hermano de Artemisa.   Un dios hermosísimo que persiguió, sin embargo, a la bella Dafne sin poder alcanzarla.

Aram

(hebreo o armenio) "Altura".

Aristeo

(griego) Hijo del dios Apolo y de la Ninfa Cirene.

Arne

(noruego) "Aguila". Variación de Arnoldo. Arne, el hijo mayor del Príncipe Valiente y la Reina Aletha.

Arturo

(galés) "El noble". Su versión inglesa, Arthur, es famosa por el Rey Arthur de los Caballeros de la Tabla Redonda de la mitología anglosajona.

Anselmo

(germano) "Casco divino".

Asher

(hebreo) "Afortunado".

Ashley

(inglés antiguo) Aescleah, "habitante de los campos de

fresnos". Ashley Wilkes, el amor plátonico de Scarlett O'Hara (interpretado por Leslie Howard) en la película "Lo que el Viento se Llevó".

Arzu
(turco) "Deseo".

Atemoc
(náhuatl) "El agua que se va".

Atlas
(griego) Uno de los titanes de la mitología griega. Hijo de Uranos, fue castigado por Zeus y obligado a llevar por siempre el globo terráqueo a cuestas.

Atl
(náhuatl) "Agua". El gran pintor mexicano, Dr. Atl.

Atzin
(náhuatl) "Agüita".

Augusto
(latín) "Majestuoso, digno de reverencia". Octavio César Augusto, emperador romano.

Aurelio
(latín) "Aquél que es de color dorado". Variación: Aureliano.

Axel
(danés) "Defensor poderoso".

Ayo
(náhuatl) "Que tiene jugo".

Balam

(maya) "Tigre". De la leyenda maya del *"Chilam Balam"*.

Balduino

(antiguo germano) "Atrevido protector o amigo". Actual Rey de Bélgica.

Baltazar

(caldeo) "El que es dueño del tesoro". El nombre de uno de los tres reyes magos.

Basilio

(griego) "Principesco" Variación: Basil. Basil Rathbone, actor norteamericano.

Beau

(antiguo francés) "El hermoso" (se pronuncia "Bou"). El héroe fílmico Beau Geste. El actor Beau Bridges.

Ben

(hebreo) "Hijo". Ahmed Ben Hassan, el caid que rapta a una joven inglesa y luego se enamora de ella en la novela *El Arabe*. Ben Jonson, escritor inglés del siglo XVII. Ben Gazzara, actor norteamericano.

Benito

(latín) Derivado de Benedictus, "el bendito". Benito Juárez, presidente de México e instaurador de la Leyes de Reforma.

Benjamín

(hebreo) "El hijo de mi mano derecha". Benjamín Franklin, científico. Robert S. Benjamin & Associates, la agencia de relaciones públicas más antigua de México.

Beowulf

(anglosajón) Protagonista de los ideales anglosajones, *Beowulf* es el primer trabajo literario de importancia en la historia de Inglaterra, y narra las aventuras épicas del héroe del siglo IV d.C. (Se pronuncia Beiwuf).

Bernardo

(germano) "oso fuerte" El canciller Bernardo Sepúlveda. Variaciones: Bernard, Barnard, Barnet, Bernie. George Bernard Shaw, afamado dramaturgo inglés ("Pygmalion").

Bertoldo

(antiguo germano) Bercht-Wald "gobernante brillante". Variaciones: Bert, Berthold, Bertoldi (italiano), Berthoud (francés).

Bjorn

(noruego) "Oso" o "guerrero". Similar a Bernard. El tenista Bjorn Borg. (Se pronuncia Biorn)

Boris

(ruso) "Guerrero" o "pelear". El niño prodigio del tenis, Boris Becker, triunfador de Wimbledon en 1986. El gran actor de películas de horror, Boris Karloff.

Braulio

(germano) "Espada brillante".

Bruce

(gentilicio francés) Derivado de un castillo cerca de
Cherburgo, Francia. El actor Bruce Dern.

Bruno

(germano) "Moreno, brillante". El millonario Bruno Díaz,
personalidad que adopta Batman cuando no está al servicio
de Ciudad Gótica.

Byron

(anglosajón) "Oso". Lord Byron, famoso poeta y "casanova"
inglés. (Se pronuncia Báiron).

Camazotz

(maya) "El dios murciélago", representado por un vampiro de
largos colmillos, sediento de sangre. Es el adversario de los
bravos gemelos en la historia maya del Popol-Vuh.

Cameron

(escocés) Nombre de un clan. Proviene del apodo "wry-nose"
(nariz torcida). El actor Cameron Mitchell de la serie "El Gran
Chaparral".

Can

(turco) "Vida" (Se pronuncia Yan).

Carlos

(antiguo germano) Karl, "victorioso, grande". (Latín) Carolus.
El personaje histórico Carlomagno; el actor mexicano Carlos
Ancira, el único que ya aparece en los récords de Guinness
como el show de un solo hombre de mayor duración en la
historia ("Diario de un Loco"). El Príncipe de Gales.
Variaciones: Charles, Charlie, Carlo (italiano), Karel (checo),
Tearlach (escocés).

Cedric

(se pronuncia Cídric). Nombre inventado por Sir Walter Scott
para su novela "Ivanhoe". También podría ser una derivación
de Cedrych, un antiguo rey sajón, que significa
"bounty spectacle" (el espectáculo del botín).

Chester

(inglés) "Campo". Chester, el alguacil de Matt Dillon en la
serie "La Ley del Revólver".

Christian

(griego) "Seguidor de Cristo, el ungido". El diseñador francés
Christian Dior, de la casa de modas Dior. El cirujano
cardiovascular Christian Barnard.

Cicerón

(latín) "Alverja". El orador romano Cicerón (siglo I, a.C.).
También el sobrino de Porky, en las caricaturas de Walter
Lanz.

Cinteotl

(náhuatl) Dios del maíz. Es uno de los ciclos de nueve días

conocidos como "Compañeros de la Noche" en el Calendario Azteca.

Christopher

(ver Cristóbal). Christopher Plummer, actor inglés, intérprete del Barón Von Trapp en la película sobre la vida de María Augusta Von Trapp, "La Novicia Rebelde". Christopher Reeve, actor que personifica en el cine al superhéroe "Superman". Christopher Marlowe, poeta inglés de la era isabelina.

Claudio

(latín) "Lisiado, impedido". El emperador romano que dominara Inglaterra después de la conquista de Julio César. Variaciones: Claude, Claudius.

Clemente

(latín) "Misericordioso". El pintor mexicano José Clemente Orozco, que plasmó las crudas imágenes de la Revolución Mexicana en sus obras. Autor del mural conocido como "La Capilla Sixtina del Nuevo Mundo" en el Hospicio Cabañas, de Guadalajara.

Colin

(irlandés) "Niño, cachorrito, paloma". Derivado de Coilin. Variaciones extranjeras: Colan y Cailean (escocés).

Conan

(celta) "Inteligencia, sabiduría". Kunagnos. (irlandés) "excelso". El héroe mitológico "Conan, el Bárbaro", protagonizado por el fortachón Arnold Schwartzenneger.

Constantino

(latín) "Firme". El Rey constantino de Grecia. Constantino el Grande, primer emperador cristiano del mundo romano.

Cósimo

(latín) "El mundo". Cósimo de Medici, abuelo de Lorenzo de Medici, quien retornara del exilio en 1434 y así dio comienzo al período de 60 años conocido como "monarquía sin rey", en que la familia Medici dominó Florencia.

Courtney

(francés antiguo) "El que vive en la corte". Personaje desgraciado que se enamora de su hermana y acaba metiéndose a monje en la novela *Capitanes y Reyes* de Taylor Caldwell. (Se pronuncia Cortny).

Cristóbal

(griego) Cristóforos. "El cargador de Cristo". Cristóbal Colón, descubridor de América en 1942. San Cristobal de las casas, ciudad del estado de Chiapas. Variación: Christopher.

Cronos

(griego) Uno de los siete titanes en la mitología griega, esposo de su hermana Rea. Tuvo seis hijos, cinco de los cuales devoró a causa de una profecía que vaticinaba que sería derrocado por uno de ellos. El sexto hijo, Zeus, logró sobrevivir y así venció a su padre, revivió a sus hermanos y fundó el Olimpo para dar comienzo a la era de los dioses.

Cuauhtémoc

(náhuatl) "Aguila que cae". El último tlatoani, o emperador, Azteca, que fue torturado por las tropas de Hernán Cortés para averiguar donde se escondía el gran tesoro de México.

Daan
(sueco) Variación de Daniel.

Dag
(nórdico) "Día" o "brillante". Dag Hammarskjöld, secretario general de la ONU en Nueva York y nombre de una plaza en la misma ciudad.

Dagan
(europeo oriental) "La tierra" o "pecesito". Dagan, el dios babilonio de la tierra y los peces.

Damián
(griego) Damas, "el constante" o "el domador". Variaciones: Damon, Damien, Damiano. Damien, el maléfico niño de la película "La Profecía".

Daniel
(hebreo) "Dios es mi juez". El profeta Daniel, quien estando frente a un león le sacó una espina de la pata sin que el animal lo atacara. El héroe fronterizo Daniel Boone. El escritor Daniel Defoe, autor de la novela "Robinson Crusoe".

Dante

(latín) "Duradero". Abreviatura de Durante. Dante Gabriel
Rossetti, pintor y poeta, uno de los siete miembros originales
de la hermandad de pintores pre-Rafaelitas del siglo XV. El
escritor italiano Dante Allighieri.

Darío

(griego) "El opulento". Darío el Grande, un antiguo rey de
Persia.

David

(hebreo) "El amado". David, Rey de Israel (bíblico).

Dédalo

(griego) Gran inventor ateniense según la mitología griega,
quien tras empujar a su sobrino Talo de una muralla, huyó a
la Isla de Creta en compañía de su hijo Icaro. Ahí construyó
el laberinto para esconder al Minotauro, el niño-monstruo de
Minos, rey de la isla.

Delano

(francés antiguo) "De la noye" (el lugar de los nogales). El
presidente norteamericano Franklin Delano Roosevelt. (Se
pronuncia Délano).

Dennis

(Variación de Dionisio). El actor Dennis Weaver que
interpretó al Inspector McCloud en "Audacia es el Juego".

Desmond

(celta-irlandés) "El hombre de Munster", un área en la región
de los lagos de Inglaterra.

Dexter

(latín) "Habilidoso". De la palabra "dexterity", "habilidad".
Variaciones: Dex y Deck.

Diego

(latín) "El engañará". Una de las versiones en español del
nombre de James, junto con Santiago. El pintor mexicano
Diego Rivera, creador de los murales más grandes del
mundo y experto en las técnicas de pintura maya y azteca.
Don Diego Tenorio, el decepcionado padre de Don Juan
Tenorio.

Dimitrio

(ruso) Variación de Dmitri y de Demetrio, del griego,
"perteneciente a Demeter, la madre tierra".

Dominic

(latín) "Perteneciente a Dios". La versión femenina es
Dominique.

Donald

(celta-escocés), Domhnall, "líder del mundo". Nombre muy
popular en Escocia, y el pato más popular del mundo. Donald
O'Connor, cantante y bailarín norteamericano ("Cantando
bajo la Lluvia").

Duncan

(celta-escocés) "Guerrero moreno" Duncan fue el Rey de
Escocia en la obra de William Shakespeare *Macbeth*. (Se
pronuncia Dóncan).

Edgar

(germano) "El que defiende con la lanza sus bienes". Edgar
Allan Poe, escritor norteamericano, autor de "El Cuervo" y
"La Caída de la Casa de Usher".

Eduardo

(antiguo inglés) Edward "protector feliz" o "guardador de la
prosperidad". Nombre común entre la realeza de Inglaterra.
Eduardo VIII, quien abdicara a su trono para casarse con la
dos veces divorciada norteamericana Wallis Simpson.

Efraín

(hebreo) "El que es fructífero". Efraín, principal protagonista
de la novela romántica de Jorge Isaacs, *María*.

Ehecatl

(náhuatl) "Aire".

Einar

(vikingo) Ein-her, "líder guerrero". El personaje de Kirk
Douglas en la película "Los Vikingos". (Se pronuncia Ainar).

Elías

(hebreo) "Dios es Jehová". Forma griega de Elijah. Nombre
de uno de los profetas.

Elton

(antiguo inglés) Ealdtun, "de la vieja aldea". El cantante y compositor inglés Elton John.

Elvis

(antiguo nórdico) Alviss "gran sabio". El Rey del Rock, el cantante norteamericano Elvis Presley.

Emanuel

(hebreo) "Dios está con nosotros". El cantante mexicano Emmanuel (con doble "m").

Emilio

(gótico) "El industrioso". Variaciones: Emil, Emile (francés). El director y actor de cine Emilio "Indio" Fernández. El escritor del siglo XIX, Emile Zolá, autor de "Naná".

Enrico

(italiano). Variación de Enrique. El gran cantante de ópera Enrico Caruso.

Enrique

(germano). "El varón que rige" o "gobierno de casa". Variación: Henry (inglés), Enrico (italiano) Henri (francés). El poeta mexicano, Enrique González Martínez ("Tuércele el cuello al cisne" y "Cuando sepas hallar una sonrisa").

Erasmo

(griego) "El amado". El gran humanista holandés Desiderio Erasmo de Rotterdam (*El Elogio a la Locura*).

Eric

(antiguo nórdico) "Gobernante". Eric el Rojo, padre de Leif Ericson y explorador vikingo. Leif Ericson (Ericson, "hijo de

Eric"), también explorador vikingo que llegó hasta las costas de América 500 años antes que Cristobal Cólon.

Ernesto

(antiguo inglés) Earnest "el honesto". El actor estadounidense Ernest Borgnine, exmarido de Katy Jurado ("La Marina de McHale").

Estanislao

(eslavo) "Posición de gloria". San Estanislao, Patrono de Polonia. Variación: Stan, Stanislav (alemán), Stanislas (francés).

Esteban

(griego) "Corona". Variaciones: Steven, Stephen (inglés), Etienne (francés) Stephan (alemán).

Evelyn

(inglés) Relativo a Ava, puede usarse también para hombre. El escritor inglés contemporáneo, Evelyn Waugh, autor de *Bridesmaid Revisited* y *Helena*.

Everardo

(antiguo inglés) "Fuerte y valiente como el jabalí".

Eugenio

(griego) "Bien nacido". Var. Eugene. El Príncipe Eugenio de Savoya, conquistador de los turcos en el siglo XVII.

Ezequiel

(hebreo) Yekhezgel, "fuerza de Dios". El profeta bíblico, Ezequiel. Variciones: Ezekiel, Ezechiel (francés), Ezechiele (italiano).

Fabián

(latín) "Cultivador de frijoles". Variaciones: Fabio, Fabiano, Fabien (francés).

Fabio

Ver Fabián. El actor italiano Fabio Testi.

Fahd

(árabe) El nombre del actual rey de Arabia.

Fausto

(latín) "Afortunado" o "de buen augurio". La obra Fausto, de Goethe.

Federico

(germano) "Gobierno de paz". El realizador de cine italiano, Federico Fellini, entre cuyas películas están "Las Noches de Cabiria" y "Julieta de los Espíritus". El dramaturgo español Federico García Lorca, autor de *Bodas de Sangre* y *Doña Rosita la Soltera*.

Felipe

(griego) "El que ama a los caballos". El Príncipe Felipe, quien salva a la Bella Durmiente del sueño eterno, en el cuento de Charles Perrault.

Félix

(latín) "Afortunado, bendito". "La Doña", María Félix. Félix Mendelssohn, director de orquesta y compositor. Entre sus obras "La Marcha Nupcial".

Feodor

(ruso) Variación de Teodoro. El escritor ruso del siglo XIX, Feodor Mijailovich Dostoievsky, autor de *Los Hermanos Karamazov* (Se pronuncia Fédor).

Fernando

(germano) "Paz arriesgada" o "viaje arriesgado". Fernando el Católico, Rey de España durante el descubrimiento de América.

Filiberto

(inglés antiguo) Felabeorht, "el brillantísimo".

Fitzgerald

(inglés antiguo) "Hijo de la lanza poderosa". El expresidente norteamericano, John Fitzgerald Kennedy. (Se pronuncia Fitzyerald).

Florián

(latín) "El que florece".

Francisco

(latín) "Libre" o "procedente de Francia". San Francisco de Asís, el fundador de la orden franciscana. Variaciones: Francis (inglés), Francesco (italiano), François (francés). El escritor español, Francisco de Quevedo y Villegas (*El Lazarillo de Tormes*). El presidente y héroe mexicano Francisco I. Madero. El héroe revolucionario Francisco Villa, "El Centauro del Norte".

Franco
(germano) "Libre".

Franz
(germano) Ver Francisco. Franz Liszt, uno de los más grandes pianistas de todos los tiempos, autor del "Sueño de Amor". Franz Schubert, compositor del siglo XIX, autor de "La Sinfonía Inconclusa".

Fridolfo
(antiguo inglés) Fridu-wulf, "lobo de paz". Alguien muy valiente pero pacífico.

Gabriel
(hebreo) "Hombre de Dios". El Arcángel Gabriel. El escritor Gabriel García Márquez (*Cien Años de Soledad*).

Gastón
(francés) "Proveniente de las vascongadas".

Gerardo
(antiguo galés) "El de la lanza valerosa". Variaciones: Gerard, Gerry, Gerhard, Geraud (francés), Jerry (norteamericano).

Gerhard

(alemán) Variación de Gerardo. (Se pronuncia Gerjardt).

Gilberto

(antiguo germano) "Rehén". Gilbert O'Sullivan, compositor
norteamericano. Gilbert (and Sullivan), compositores de
ópera ingleses ("El Mikado" y "Los Piratas de Penzance").
Variaciones: Gilberte, Gilbert, Gil.

Gildardo

(germano) "Audaz, valiente".

Gilgamesh

(sumerio) Rey de Sumeria e hijo de la diosa Ninsun, fue
orgulloso y con gran poderío. Buscó ser inmortal como los
dioses, aunque falló en el último instante. Su inmortalidad fue
histórica a través de la Ciudad de Uruk que él construyó. (Se
pronuncia Guilgamesh).

Gioachimo

Ver Joaquín. Gioachimo Rossini, compositor italiano autor de
"La Urraca Ladrona". (Se pronuncia Yoáquimo).

Gonzalo

(germano) "Genio de la batalla".

Gregorio

(latín) "El vigilante". Variaciones: Gregory, Greg. Gregory
Peck, actor norteamericano ("Moby Dick").

Guadalupe

(mexicano) Nombre tomado del Cerro de Guadalupe, donde
se apareció la virgen al indio Juan Diego en el siglo XVI.

Guadalupe Trigo, cantante. Guadalupe Victoria, primer presidente de México.

Guillermo

(griego) "El que protege". Variaciones: William (inglés), Guillaume (francés), Wilhelm (alemán), Guglielmo (italiano).

Gülseren

(turco) "Camino de rosas". (Se pronuncia Guiúlseren).

Güner

(turco) "Claridad". (Se pronuncia guiúner).

Gustavo

(germano) "Cetro de mando en la batalla". El Rey gustavo Adolfo de Suecia. El presidente de México, Gustavo Díaz Ordaz. El poeta Gustavo Adolfo Bécquer ("La Pereza" y "¿Qué es Poesía").

Haakon

(noruego) "De familia noble". Haakon, príncipe heredero de la corona noruega, hijo del Rey Harald y de la Princesa Sonia.

Hans

(escandinavo) Derivado de John (Juan). Hans Christian Andersen, autor danés de cuentos infantiles del siglo XIX.

("El Patito Feo"). El Barón Hans Heinrich Thyssen Bornemisza.

Harald

(noruego) Variación de Aroldo. Actual Rey de Noruega, primer príncipe heredero nacido en el país en más de 500 años.

Haroun

(árabe) Variación de Aarón, "exaltado, elevado". Haroun-al-Raschid, el califa de los cuentos de *Las Mil y Una Noche*. (Se pronuncia Arún).

Héctor

(griego) "Soporte" o "apoyo". Hermano de Paris, Héctor combatió en la guerra de Troya, siendo abatido por Aquiles.

Helmut

(sueco) "Fuerte" o "casco de batalla". Equivalente a Guillermo.

Henri

(francés) Variación de Henry y Enrique. Significa "gobierno de casa". Henri de Toulousse-Lautrec, pintor francés que eternizó el ambiente del Moulin Rouge en sus obras. Quedó deforme, con las piernas sin desarrollo, después de una serie de accidentes que sufrió a los 14 años. (Se pronuncia Anrí).

Henry

(germano) "El varón que rige" o "gobierno de casa". Nombre popular en la dinastía de los Tudor en Inglaterra. El más famoso Rey, Henry VIII, por su exitoso reinado en materia económica y por su divorcio de Catalina de Aragón, para casarse con Ana Bolena para lo cual separó a su país de la iglesia católica y fundó la iglesia anglicana. El político estadounidense, Henry Kissinger. El escritor Henry Wadsworth Longfellow.

Hércules

(griego) Herakles. Personaje mitológico de gran fuerza, hijo de Perseo y Andrómeda. También el sagaz detective belga de las novelas de Agatha Christie, Hércules Poirot. ("Maldad bajo el Sol").

Heriberto

(germano) "Ejército brillante". El filósofo inglés, Herbert Spencer. Variación: Herbert.

Herman

(germano) "Hombre del ejército". Herman Melville, autor de la novela *Moby Dick*. Herman Hesse, escritor alemán, autor de *El Lobo Estepario*, y ganador del premio nobel en 1946.

Hermes

(griego) "Mensajero". Hijo de Zeus, por su tacto y habilidad para hablar se convirtió en el mensajero de los dioses, para lo cual su padre le dio alas en el tocado y en los pies.

Hilario

(latín) "Alegre". Variaciones: Hilary, Hilaire.

Homero

(griego) "Ruego". Homero, escritor griego, autor de *La Iliada* y *La Odisea*, dos de las novelas épicas más antiguas de Europa. Homero Adams, de la serie de televisión "Los Locos Adams".

Horacio

(latín) Horatius. Nombre derivado del grupo de héroes romanos así llamados en la leyenda. El Almirante Horacio Nelson, principal héroe marítimo inglés que derrotara a la flota francesa en el siglo XVIII.

Howard

(germano) "Fuerte de mente" o "vigilante". El actor inglés Leslie Howard, protagonista del caballeroso Ashley Wilkes en la película "Lo que el Viento se llevó". La cadena hotelera americana Howard Johnson. El cantante y actor norteamericano, Howard Keel ("Siete Novias para Siete Hermanos" y "Kismet"). (Se pronuncia Jáward).

Huacari

(inca) Un joven y bello príncipe de la leyenda "La Gruta de las Maravillas".

Hugo

(germano) "Mente". Variaciones: Huey, Hugh (inglés). Víctor Hugo, célebre escritor francés autor de *Los Miserables*. Hugo del Carril, cantante argentino de tangos. Hugo Avendaño, cantante mexicano.

Humberto

(germano) "Gigante-brillante".

Ian

(galés) "Dios es bondadoso". Variación de Juan. Ian Flemming, autor del popular personaje de James Bond, el agente 007. (Se pronuncia Ian).

Icaro

(griego) Hijo de Dédalo en la mitología griega, quien le fabricó unas alas de pluma pegadas con cera para escapar de la Isla de Creta, pero Icaro quiso volar demasiado alto, el sol derritió la cera de sus alas y cayó al mar.

Igor

(escandinavo, derivado del ruso) Ingvarr, un héroe ruso. Igor, el ayudante de laboratorio del doctor Víctor Frankenstein.

Ignacio

(griego) "El fiero o ardiente". San Ignacio de Loyola. Variaciones: Ignazio (italiano), Ignatius (inglés).

Ilya

(ruso) Variación de Elías. El agente de Cipol, Ilya Kuryakin, intepretado por David McCallum. (Se pronuncia Ilia).

Imanol

(vasco) Variación de Manuel.

Inge

(sueco) "Juventud". Un héroe de la antiguedad. (Se pronuncia Ingue).

Isaac

(hebreo) Yitshhaq "él ha reído" o "alegría". Isaac Newton, científico inglés descubridor de las leyes de gravedad.

Isidoro

(griego) "Regalo de Isis". Isidoro Isaac Rabi, ganador del premio Nobel por su trabajo científico en 1944.

Israel

(hebreo) "Gobernando con el Señor" o "luchando con el Señor". Israel, nación del medio-oriente, fundada después de la Segunda Guerra Mundial. Israel, hijo de Daniel Boone, interpretado por Darby Hinton en la serie televisiva "Daniel Boone".

Iván

(ruso) Variación de Juan: El Zar ruso, Iván IV ("Iván el Terrible"). Iván Mestrovic, uno de los mejores escultores modernos.

Ivor

(germano) "Arquero" o (Anglosajón) "Héroe", o (escandinavo) "joven". Forma anglicana de la palabra "señor" (Lord) "ifor". Ivor Brown, escritor inglés.

Ixcauatzin

(náhuatl) "El desdeñado". Es el niño que tira al suelo su frenda durante el bautizo de la princesa Xúchitl, representando un mal augurio, en la novela de Salvador de Madariaga *El Corazón de Piedra Verde*.

Iztlli

(náhuatl) El dios del cuchillo de los sacrificios en la mitología náhuatl. Uno de los ciclos de nueve días conocidos como "Compañeros de la Noche" en el Calendario Azteca.

Jacob

(hebreo) "Suplantador" o "el que sigue". Variación: Jake,
Jacobo. El Jacob bíblico fue hermano menor de su gemelo
Esaú.

Jacobo

ver Jacob. Jacobo Zabludowsky, periodista mexicano,
conductor del noticiario "24 Horas".

Jabez

(hebreo) "El traerá la tristeza".

Jake

Variación de Jacob. (Se pronuncia Lleick).

Jalil

(árabe) "Amigo".

Jasón

(griego) "El que cura". En la mitología griega, fue el líder de
los argonautas en la búsqueda del vellocino de oro.

Javier

(vasco) Xavier. Ver Xavier.

Jeremy

(antiguo francés) "Nombrado por Dios". Variaciones:
Jeremías (español), Jéreme (francés), Geremia (italiano).
Jeremy Irons, actor protagonista de "La Misión" y "La Mujer
del Teniente Francés".

Jesse

(hebreo) Yishay, "riqueza". (Se pronuncia Yesi).

Joaquín

(hebreo) "Jehová establece". Don Joaquín de la Cantoya y
Rico, inventor del primer globo para viajes en México, el
"Moctezuma". Joaquín Cordero, actor mexicano.

Joel

(hebreo) "Jehová es el Señor". Joel Chandler Harris, autor de
las historias del "Tío Remo" ("El Hermano Rabito").

John

(hebreo) "Jehová ha sido bondadoso". Variaciones: Juan
(español), Ian (irlandés), Sean (escocés), Ivor (ruso), Jan
(polaco), Ivan (checo), Hannu (finlandés). John Wayne, el
vaquero más popular de todos los tiempos. (Ver otras
variaciones bajo "Juan").

Johnny

diminutivo de John.

Jonás

(hebreo) "Paloma". Al Jonás bíblico se lo tragó una ballena,
pero él salió ileso de su vientre.

Jonathan

(hebreo) "Jehová dió". El escritor irlandés del siglo XVII,

Jonathan Swift, autor de *Los Viajes de Gulliver*. El actor Jonathan Harris (el Dr. Smith en "Perdidos en el Espacio").

Jordi

Forma catalana de Jorge. (Se pronuncia Yordi).

Jorge

(griego) "Campesino". El comentarista Jorge Saldaña. El actor mexicano Jorge Luke. Variaciones: George (inglés), Jordi (catalán), Georg (alemán), Georges (francés), Giorgio (italiano), Jiri (checo), Yuri (ruso), György (húngaro), Yrjö (finlandés). El autor de la ópera "Carmen", Georges Bizet.

José

(hebreo) "Añadirá". José, esposo de la Virgen María. José Luis Cuevas, pintor mexicano. Variaciones: Joseph (inglés), Josip (yugoeslavo), Jozséf (húngaro), Josef (alemán).

Juan

(hebreo) "Dios es misericordioso". Juan de Dios Peza, escritor mexicano. Don Juan Tenório, obra teatral que se presenta en "época de muertos" en México, original del escritor español José Zorrilla (basada en "El Burlador de Sevilla" de Tirso de Molina). Variaciones: Evan (galés), Giovanni (italiano), Johann (alemán), Shawn (irlandés), Jan (holandés), Joannes (griego), Hans (alemán). (Variaciones adicionales bajo "John").

Julián

(latín) "De la familia de los Julio". Julián, emperador romano del siglo IV.

Julio

(posiblemente griego). "Juvenil" o "el de la barba suave".

Julio César, emperador de Roma, conquistador de las galias y de los anglos. Variaciones: Jules, Julius (inglés), Giulio (italiano). Jules Verne, fantástico escritor del siglo XIX, (*20,000 Leguas de Viaje Submarino*).

Kaare

(nórdico) Fue el dios de los vientos en la mitología escandinava. (Se pronuncia Kare).

Kabir

(árabe) Nombre del actor Kabir Bedi, protagonista de "Sandokan" y "Ashanti".

Kaleb

(hebreo) "Impetuoso, atrevido o fiel". De la tribu de Judá, fue el único explorador que logró entrada a la tierra prometida.

Kalid

(árabe) "El inmortal".

Kama

(sánscrito) "Amor". Fue el dios del amor en la mitología hindú, y estaba representado por un bello joven cargado de azúcares y miel.

Khalil
(árabe) Variación de Jalil. "Amigo".

Kim
(celta) "Jefe". La novela *Kim de la Selva* del escritor inglés
Rudyard Kipling, (nacido en la India).

Kukulcan
(maya) El equivalente a Quetzalcóatl, en la mitología maya,
representado por una serpiente emplumada, un pájaro
quetzal y el planeta Venus.

Lael
(hebreo) "Perteneciente a Dios".

Lars
(sueco) Variación de Lawrence o Lorenzo.

Lawrence
(latín) El nombre de un lugar (Laurentum) o "laurel".
Lawrence de Arabia, oficial británico que defendió a los
árabes. El gran actor inglés Lawrence Olivier. Variaciones:
Lorenzo (español e italiano), Laurenz (alemán), Laurens
(holandés), Laurent (francés), Lars (sueco), Laurence.

Lázaro

(hebreo) "Dios Ayudará". El presidente mexicano Lázaro Cárdenas, quien llevó a cabo la expropiación petrolera en la década de los treintas.

León

(latín) "Un león". León Tolstoy, escritor ruso, autor de *Anna Karenina* y *La Guerra y la Paz*. El animador mexicano León Michel.

Leonardo

(antiguo franco) "León valiente". Leonardo Da Vinci, pintor, arquitecto, inventor, escritor italiano, autor de "La Mona Lisa", "La Virgen de las Rocas" y la "La última Cena". Leonard Bernstein, pianista, compositor y director de orquesta.

Levent

(turco) "Poderoso".

Leopoldo

(germano) "Gente valerosa". Leopoldo Stokowski, director de orquesta.

Lewis

(inglés) Variación de Luis. "guerrero renombrado". Lewis Carroll, el pseudónimo de Charles Lutwidge Dogson, autor de *Alicia en el País de las Maravillas*. (Se pronuncia Lúis). Lewis Wallace, general durante la Guerra Civil Norteamericana escribió la novela *Ben Hur* en 1880.

Liam

Nombre del hijo de la actriz Faye Dunaway y del fotógrafo Terry O' Neill.

Lorenzo

(latín) "Laurel". Lorenzo de Medici, influyente caballero de Florencia, Italia, en el siglo XV. El actor Lorenzo Lamas, de la serie "Falcon Crest".

Luciano

(griego) "Descendiente de Lucio". El cantante italiano de ópera, Luciano Pavarotti. Variaciones: Lucien, Lucian.

Ludwig

(germano) Forma alemana de Luis. Ludwig Van Beethoven, compositor del siglo XVIII. (Se pronuncia Lúdvig).

Luis

(germano) "Guerrero renombrado" o "príncipe guerrero". Luis G. Urbina, poeta mexicano ("...tuércele el cuello al cisne..."). Variaciones: Louis (inglés), Ludwig (alemán), Luigi (italiano). Louis Armstrong, jazzista y trompetista norteamericano. Louis Mountbatten, el último virrey inglés de la India. Luis Chávez Orozco, gran historiador mexicano. Louis Pasteur, científico descubridor de la vacuna contra la rabia. Louis XIV, el "Rey Sol". El escritor mexicano Luis Spota .

Luke

(griego) "El que procede de Lucania". Jorge Luke, actor mexicano. (Se pronuncia Luc).

Macbeth

(celta-escocés) "Hijo de Beth" ."Macbeth",obra teatral de
William Shakespeare, sobre el asesinato del Rey Duncan por
la avaricia del protagonista Macbeth y su esposa.

Magnus

(latín) "Grandioso". El nombre de varios reyes noruegos

Manuel

(hebreo) "Dios está conmigo". El poeta mexicano Manuel
Gutiérrez Nájera, autor de "La Serenata de Schubert". El
poeta español Manuel Machado.

Marc

Variación de Marcos. El pintor francés Marc Chagall.

Marcos

(latín) Posiblemente derivado del dios Marte, deidad de la
guerra en la mitología romana, equivalente al griego Ares.
Significa "el guerrero". Marco Polo, el más importante
descubridor y explorador cristiano del siglo XIII d.C. Llegó
desde Venecia hasta China. Marco A. Almazán, escritor
mexicano. Marco Antonio, conquistador romano, esposo de
Octavia y amante de Cleopatra.

Mariano

(latín) "Que pertenece a Marte". Relacionado con Marte, el
dios de la guerra de la mitología romana. El torero Mariano
Ramos.

Mateo

(hebreo) "Don de Dios". Variaciones: Matt, Matthew. San
Mateo el Evangelista. El actor norteamericano Matt Dillon.

Mauricio

(francés/latín) "Morisco, oscuro". Variaciones: Moritz, Maurice, Morris. El actor Mauricio Garcés. El actor y cantante francés Maurice Chevalier.

Maximiliano

(latín) "El mejor". El Emperador Maximiliano de Habsburgo, fusilado en México. El actor Maximilian Schell.

Maxwell

(anglosajón/escocés) Maccus, nombre de un lugar. El actor Maxwell Caulfield, protagonista de la serie de televisión "Los Colby". Maxwell Smart, el "Super Agente 86".

Melchor

(mediterráneo) Uno de los tres reyes magos que visitaron al niño Jesús.

Merlín

(inglés) "Halcón". Merlín, el famoso mago del siglo V, protector y consejero del Rey Arturo.

Menahem

(hebreo) "El que conforta". (Se pronuncia Menajem).

Michael

(inglés) Ver Miguel. El actor inglés Michael York. (Se pronuncia Maicol).

Miguel

(hebreo) "¿Quién es como el Señor?". San Miguel Arcángel. Miguel Angel Buonarrotti, genio escultor, arquitecto y pintor italiano, autor de "La Piedad", "La Capilla Sixtina" y "El David". Miguel de Cervantes Saavedra, el más importante escritor de habla hispana, autor de *El Ingenioso Hidalgo, Don Quijote de la Mancha*. Variaciones: Michael (inglés) Mihály (húngaro), Mikhail (ruso), Mixalis (griego), Michel (francés).

Miles

(germano) "El misericordioso". Miles Colby, personaje central de la serie "Los Colby", interpretado por Maxwell Caulfield. (Se pronuncia Mails).

Mitl

(náhuatl) "Flecha".

Mixalis

(griego) Variación de Miguel. (Se pronuncia Mijalis).

Moisés

(hebreo) Mosheh "sacado de las aguas", o (egipcio) Mesu "niño". El profeta y líder que liberó al pueblo judío, le entregó los diez mandamientos y lo condujo a través del desierto a la tierra prometida.

Morgan

(celta) "Blanco como la espuma del mar" o "nacido del mar". (galés) "grandioso" o "brillante".

Morris

Variación de Mauricio. El escritor norteamericano Morris West, autor de *Las sandalias del pescador*.

Mortimer

(antiguo francés) Mortemer "del agua quieta". Mortimer, el sobrino de las ancianitas asesinas de "Arsénico y Encaje" (Se pronuncia Mórtimer).

Napoleón

(griego) "Fiero como un león" o "el león de los bosques".
Napoleón Bonaparte, gran general corso que llegó a ser
emperador de Francia y murió desterrado de la isla de Elba.
Uno de los más grandes estrategas del mundo.

Natanael

(hebreo) "Regalo de Dios". Variación: Nathaniel (inglés),
Nathaniel Hawthorne, escritor norteamericano del siglo XIX.

Neftalí

(hebreo) "luchando con Dios".

Neguib

(árabe) "Ilustre". La película de Joaquín Pardavé, "El
Barchante Neguib".

Nematini

(náhuatl) "Astuto".

Nemo

(griego) Nemos, "procedente de la cañada". El Capitán
Nemo, de la novela de Julio Verne, *20,000 leguas de Viaje
Submarino*.

Néstor

(griego) "Viajero". Un líder griego que contribuyó con sus sabios consejos a la victoria griega sobre los troyanos.

Nezih

(turco) "Auténtico", "noble", "educado". (Se pronuncia Nezíj).

Nicolás

(griego) "Ejército victorioso". Variaciones: Nicholas (inglés), Niccolo, Nicola (italiano), Nikolaus (alemán), Nicolaas (holandés). Nicholas Hilliard, pintor inglés del siglo XVI, autor del Retrato de Sir Anthony Midlmay. Nicolás Copérnico, científico astrónomo del siglo XVI.

Nigel

(latín) Nigellus, "el moreno". (se pronuncia Naiyel). Nigel Mansell, corredor inglés de autos.

Noé

(hebreo) "Descanso, comodidad". El actor mexicano-japonés Noé Murayama. Noé, personaje bíblico que se salvó del diluvio universal junto con su familia y una pareja de cada animal.

Noel

(francés) Derivado del latín, "nacimiento de Cristo". Noel Coward, actor, compositor y argumentista ("Vidas Privadas").

Norberto

(antiguo germano) "mar brillante" o "héroe brillante". Norberto también podría ser de origen escandinavo (Njorth-r-biart-r), que significa "la brillantez de Njorth" el dios de los vientos de la mitología escandinava.

Norman

(anglosajón) "Hombre del norte". Es el nombre que aplicaron los anglo sajones a los conquistadores llegados de Normandía en el siglo XI.

Octavio

(latín) "El octavo hijo". Nombre imperial romano. Uno de los tres triunviratos de Roma junto con Marco Antonio y Lépido. El escritor Octavio Paz.

Ohtli

(náhuatl) "Que lleva a otro lado".

Olaf

(antiguo nórdico) Olef-r, "reliquia ancestral". El nombre de cinco reyes escandinavos desde el siglo I d.C.

Oliver

(antiguo nórdico) "Dulce, afectuoso". *Oliver*, la novela de Charles Dickens sobre las desventuras de un niño huérfano. Oliver Cronmwell, "El Canciller de Hierro" que condujo a Inglaterra al periodo de "renovación", después de decapitar a Charles I.

Ollin

(náhuatl) "Movimiento". Nombre de la sala de conciertos de la Ciudad de México, Ollin Yoliztli.

Omar

(árabe) "Larga vida". El poeta y filósofo árabe Omar Kahyyam, autor del "Rubaiyat" y del poema "El Veneno y el Antídoto".

Önder

(turco) "Líder". (Se pronuncia Oender).

Orlando

Variación de Rolando

Orson

(inglés antiguo) "El hijo del lancero", o (francés antiguo) Ourson, "el osito". El gran actor y director de cine norteamericano Orson Welles ("El Ciudadano Kane").

Oscar

(anglosajón) "Lanza divina". El actor mexicano Oscar Morelli. La estatuilla que otorga la Academia de Hollywood a lo mejor de la industria cinemotográfica anualmente. El escritor inglés Oscar Wilde ("El Retrato de Dorian Grey"). Oscar De la Renta, el dominicano más famoso de Nueva York, diseñador de fama mundial.

Osmar

(antiguo inglés) "Divinamente glorioso".

Osmond

(antiguo inglés) "Protector divino". Los hermanos Osmond, cantantes norteamericanos (Donny Osmond).

Osvaldo

(germano) "Gobernante divino". Osvaldo Leduc, el capitán

enamorado de la gitana en la telenovela "Yesenia", de Yolanda Vargas Dulché.

Otis

(griego) "Astuto o de buen oído", o (antiguo germano) "rico".

Othón

(germano) "Rico". Manuel José Othón, escritor mexicano, autor de Himno de los Bosques.

Otto

(germano) "Próspero". El director de cine Otto Preminger. El actor Otto Sirgo.

Ovidio

(latín) "Pastor". El gran poeta de la antiguedad, autor de la primera "Metamorfosis".

Owen

(galés) "Juventud" o "joven guerrero".

Pablo

(griego) "Pequeño". Pablo fue uno de los doce apóstoles de Jesucristo. Pablo Picasso, versátil pintor español. El violinista Pablo Casals. El poeta Pablo Neruda. Variaciones: Paul (inglés), Pavlos (griego), Paavo (finlandés), Poul (danés), Pavel (ruso), El cantante y compositor Paul Anka.

Palmer
(medieval, derivado del latín) "Peregrino".

Palomo
Ver Paloma. Palomo Linares, torero español.

Paris
(griego) Paris, príncipe de Troya, hijo del Rey Príamo, quien raptó a Helena de Grecia, esposa del Rey Menelao y causó así la caída de Troya.

Pascual
(italiano) Pascale o Pasquale, "nacido en pascuas".

Patricio
(latín) Patricus, "el noble". San Patricio (Saint Patrick) es el Patrono de Irlanda, y en su día todos deben vestir de verde. Variaciones: Patrick (inglés), Patrizio (italiano), Padruig (escocés), Padraic (irlandés), Padrizius (alemán). Diminutivo de Padraic: Paddy.

Patroclo
(griego) Tutor y amigo del héroe griego Aquiles. Portando la armadura de su amigo, Patroclo atacó a los troyanos y fue muerto por Héctor, el hermano de Paris.

Paul
Ver Pablo. Paul McCartney, el ex-Beatle, compositor y cantante inglés. (Se pronuncia Pol).

Pedro
(latín) "Piedra". Uno de los doce apóstoles de Jesucristo, fundador de la iglesia católica y primer Papa de la misma.

Variaciones: Peter (inglés), Pierre (francés), Piero o Pietro (italiano), Pieter (holandés), Pekka (finlandés), Petras (griego), Piotr (ruso).

Percy

(francés) Nombre de un lugar en Francia (Percie) adaptado al inglés. Percy Bysshe Shelley, escritor inglés, autor de "Ozimandias", "Prometeo Desencadenado" y "Adonais". Su esposa, Mary Shelley, fue la creadora de la novela "Frankenstein".

Phillip

(griego) "El que ama a los caballos". El Duque de Edimburgo, el Príncipe Felipe (Philip), esposo de la actual Reina Isabel II de Inglaterra. Variaciones: Filippo (italiano), Felipe (español), Philippe (francés), Filip (sueco).

Pierre

(francés) Ver Pedro.

Plácido

(latín) Placidus, "tranquilo". El popular y extraordinario cantante de ópera, Plácido Domingo.

Platón

(griego) Platos, "el que es ancho de hombros". El famoso filósofo griego del siglo IV a.c.

Preston

(antiguo inglés) Preost-un,"el que vive en casa del sacerdote" Robert Preston, actor norteamericano.

Primo

(italiano) "El primogénito de la familia". El Licenciado Primo

Verdad, ardiente defensor del movimiento de independencia en México.

Prometeo

(griego) Uno de los últimos titanes de la mitología griega, quien creó a la humanidad de tierra roja, a imagen y semejanza de los dioses y luego le entregó el secreto del fuego, por lo que fue encadenado por Zeus a un árbol para que los buitres le devoraran las entrañas por toda la eternidad.

Próspero

(latín) "Favorable, de buen augurio".

Quincy

(latín) Nombre de un pueblo. "Quincy" serie de televisión sobre un médico investigador de crímenes.

Quinn

(celta) "Sabio". Anthony Quinn, actor mexicano-norteamericano. ("Zorba el Griego").

Quinto

(latín) "Nombre del quinto hijo". Quinto Arrios, el patricio romano que adopta a Ben Hur, tras haber sido salvado por éste del naufragio del barco en que iba preso el príncipe judío.

Rafael

(hebreo) "Curado por Dios". El pintor italiano del siglo XV, Raphael Sanzio. Raphael, cantante español conocido como "El Ruiseñor de Linares". El desaparecido actor español Rafael Llamas. El actor y director mexicano Rafael Banquells.

Rainiero

(germano) "La armada del consejo". El Príncipe Rainiero Grimaldi, del Principado de Mónaco, esposo de Grace Kelly.

Ramón

(germano) "Protector sensato". Juan Ramón Jiménez, autor de "Platero y Yo". Ramón López Velarde, poeta mexicano, autor de "Suave Patria".

Remo

(latín) "El que rema un bote con velocidad". Uno de los gemelos fundadores de Roma. También la ciudad de San Remo, en Italia, donde se celebra en "Festival de San Remo" de música internacional.

Renato

(latín) "Nacido dos veces". El compositor y poeta Renato Leduc, autor de "Tiempo y Destiempo".

Rex

(latín) "Rey". Rex Harrison, el inolvidable profesor Higgins en la película musical "Mi Bella Dama".

Ricardo

(germano) "Líder fuerte" o "poderoso y fuerte". Ricardo Montalbán, actor mexicano radicado en los E. E. U. U. ("La Isla de la Fantasía" y "Los Colby"). El Rey Ricardo Corazón de León, importante personaje inglés de la época de las Cruzadas.

Roberto

(anglosajón) "Brillante fama". Variaciones: Robin, Robert, Bert, Robe, Bobby. Roberto Rosselini, director de cine italiano. José Roberto Hill, actor mexicano. Roberto Cañedo, actor. Robby Burns, poeta escocés. Robert Wagner, Robert De Niro y Robert Redford, actores norteamericanos. Robert Schumman, compositor de sinfonías.

Robin

Variación de Robert. Ver Roberto. Robin Hood, el popular bandido generoso del Bosque de Sherwood, en el Condado de Nottingham, Inglaterra. El actor Robin Williams.

Rock

(antiguo inglés) Roc, "procedente de las rocas". El actor norteamericano Rock Hudson.

Rocky

Variación de Rocco. El personaje de Sylvester Stallone, el boxeador maravilla, "Rocky". El boxeador (real) Rocky Marciano, campeón de peso completo, uno de los mejores boxeadores de todas las épocas.

Rodolfo

(antiguo germano) Ruod-wolf, "lobo famoso". Rodolfo
Valentino, gran actor y galán del cine mudo.

Rodrigo

(germano) "Líder de fama", "gran gobernante". Rodrigo Díaz
de Vivar, el Cid Campeador, héroe de España.
El príncipe Rodolfo, protagonista de la tragedia de Mayerling,
en la que se suicida junto con la condesa María Vetsera.
Variaciones: Rudolph (inglés), Rudolf (alemán), Rolf
(alemán), Rudy.

Rogelio

(antiguo germano) Ruod-ger, "famoso lancero". Variaciones:
Roger (inglés), Ruggiero (italiano), Rutger (holandés), Rodger
(inglés). Ruggiero Raimondi, cantante de ópera italiano,
interprete del torero "Escamillo" en la película de Lorin
Maazel, "Carmen" (con Plácido Domingo).

Roger

Versión inglesa de Rogelio. Roger Vadim, realizador francés
y ex-marido de Jane Fonda. Roger Moore, actor inglés
protagonista de "James Bond". "The Jolly Roger", nombre
coloquial de la bandera pirata (un cráneo con dos huesos
cruzados sobre un fondo negro).

Rolando

(germano) "Tierra famosa". Variaciones: Roland (alemán),
Orlando, Rowland, Rollie. El personaje de los libros de
historietas "Rolando el Rabioso".

Roldán

(francés) El miembro del ejército de Carlomagno que luchó
contra los moros en España. El héroe del espacio en las tiras
cómicas dominicales "Roldán el Temerario".

Román

(latín) "Perteneciente a Roma". El director de cine Roman Polanski, esposo de la actriz asesinada, Sharon Tate, y director de "La Danza de los vampiros" (donde también actúa).

Romeo

(italiano) "El que efectúa un peregrinaje a Roma". Romeo Montesco, personaje principal en la tragedia de William Shakespeare, *Romeo y Julieta*.

Ronald

(antiguo nórdico) Rognuald, "gran poderío". El presidente norteamericano Ronald Reagan. El actor Ronald Colman.

Rory

(celta-irlandés) Ruaidhri, "el rey rojo". Rory Calhoun, actor norteamericano.

Roy

(francés) Roi, "rey". Roy Rogers, personaje de la ciencia ficción.

Rubén

(hebreo) "Ten un hijo". El actor Rubén Rojo. El poeta Rubén Romero y el poeta nicaragüense, Rubén Darío.
Variaciones: Reuben (inglés), Rubin.

Rudyard

(antiguo inglés), Rudu-geard, "dentro de la pastura roja". El nombre és originario de los tiempos del Rajá(Raj) en la India. Rudyard Kipling, magnífico poeta inglés (nacido en la India).
(Se pronuncia Rudyard).

Sabino

(latín) "Uno de las sabinas". El nombre se origina de Sabinus, un plantador de viñedos que dio su nombre a la gente sabina. Fueron conquistados por los romanos en el siglo III a.c.

Salomón

(hebreo) "Aquel que lleva la paz". Variaciones: Solomon, Salmon, Shalom. El Rey Salomón, autor de "El Cantar de los Cantares".

Salvador

(español) "Aquel que salva". Variaciones: Salvatore (italiano), Sauveur (francés). El pintor español Salvador Dalí. El gran poeta veracruzano Salvador Díaz Mirón.

Sam

(hebreo) Shama, "oir". O también abreviatura de Samuel. "El tío Sam", nombre con que se designa ocasionalmente a los E. E. U . U.

Samuel

(hebreo) "Oído de Dios" o "nombre de Dios". El escritor inglés Samuel Pepys (siglo XVIII), autor del diario que relata todos los acontecimientos importantes de su época, como la plaga de Londres de 1665, la coronación de Charles II y el Gran Incendio de 1666. Samuel Taylor Coleridge, poeta inglés,

Sanborn

(antiguo inglés) Sandburne, "el que vive en el arroyo de arena". La cadena de restaurantes Sanborn's.

Sansón

(hebreo) Shimshon. "Hombre espléndido" u "Hombre del sol". Sansón, personaje bíblico de gran fuerza física debida a su largo cabello, que fue traicionado por Dalila y entregado a los fariseos.

Sascha

(ruso) Diminutivo de Alexei. Ver Alejandro.

Saúl

(hebreo) "Solicitado". Saúl de Tarsia, el nombre original del apóstol San Pablo, antes de ser bautizado así por la voz de Dios.

Scott

(antiguo inglés) "Procedente de Escocia".

Sean

(irlandés) Variación de John (Juan). Se pronuncia "shon". El actor escocés Sean Connery, quien por muchos años protagonizara al Agente 007, James Bond.

Segismundo

(germano) "Protección victoriosa". El nombre del héroe de la obra *La vida es Sueño* de Pedro Calderón de la Barca, quien habiendo sido confinado a vivir en una torre por unas desdichadas profecías, logra salir de su encierro y llega a ser rey.

Sebastián

(latín) "El augusto". El navegante Sebastián Elcano, quien cruzó el Cabo de Buena Esperanza en el siglo XVI.

Serge

(latín) Sergius. Variación francesa de Sergio. (Se pronuncia Sersh).

Sergei

(ruso) Variación de Sergio.

Sergio

(latín) Sergius, "el que atiende". Variaciones: Sergei (ruso), Sérge (francés).

Servando

(latín) "Aquél que debe resguardarse".

Shafick

(árabe) "El justo".

Shamash

(caldeo) Era el dios del sol en la mitología caldea.

Shamed

(árabe) "El sol".

Sheldon

(antiguo inglés) "Procedente de los arrecifes". Sidney

Sheldon, escritor norteamericano, autor de "Más Allá de la Medianoche" y de la serie "Mi Bella Genio".

Shinram

(tibetano) El nombre de un monje budista en la leyenda tibetana "La Soberbia del árbol".

Sidney

(antiguo inglés) "Procedente de St. Denis". Sidney Poitier, popular actor norteamericano, protagonista de "Al Maestro con Cariño" y de "¿Adivinen quién viene a Cenar?". Variación: Sid, Sydney. El actor cómico Sid Caesar ("La Ultima Locura de Mel Brooks").

Sigmund

(germano) "Protección victoriosa", versión alemana de Segismundo. El doctor Sigmund Freud, padre la Psiquiatría.

Sigfrido

(antiguo germano) "Victorioso". El heróico príncipe Sigfrido de los nibelungos, según la mitología germana. Variación: Siegfried.

Silvestre

(latín) "Procedente de los bosques". El genial compositor y violinista mexicano, Silvestre Revueltas, autor de "Janitzio". variaciones: Sylvester, Silvester, Silvestro.

Simón

(hebreo) "Escuchado" o "el que escucha". "El libertador de América", Simón Bolívar.

Sófocles

(griego) "Sabio y afamado". Sófocles fue un importante filósofo griego.

Stavros

(griego) "Cruz". Es una variación de Esteban.

Svein

(noruego) "Hombre joven".

Sua

(colombiano) "El sol", según la mitología chibchá de Colombia.

7

Tenatic

(náhuatl) "Que es muy listo".

Tenyo

(náhuatl) "Famoso".

Teobaldo

(germano) "Príncipe del pueblo" o "valiente por su pueblo". Teobaldo, el impetuoso primo de Julieta en la obra de Shakespeare "Romeo y Julieta". Variación: Tybald.

Teodoro

(griego) "Regalo de Dios". Variaciones: Theodore (inglés), Teddy, Teo.

Teseo

(griego) Héroe de la mitología griega que acabó con el Minotauro. Hijo del Rey Egeo (de donde se nombra el Mar Egeo), salvó a la bella Ariadna de ser devorada por un monstruo marino.

Tetl

(náhuatl) "Piedra".

Thor

(antiguo noruego) "Trueno". El dios del trueno en la mitología nórdica, la deidad más importante después de Odin.

Tito

(latín) "Seguro". El Mariscal Tito de Yugoslavia. Tito, emperador romano.

Tláloc

(náhuatl) Dios de la lluvia en la mitología náhuatl.

Tlohtzin

(náhuatl) Fue el primer tolteca-chichimeca.

Tobías

(hebreo) "Dios es bueno".

Todd

(escocés) "Zorra". También utilizado como apellido. El marido de Elizabeth Taylor, Michael Todd.

Tomás

(hebreo o aramaico) "Gemelo". Tomás Alva Edison, inventor norteamericano. Variaciones: Thomas, Tom. El gato Tom de los dibujos animados "Tom y Jerry". Thomas Becket, el arzobispo de Canterbury (Inglaterra) que fue asesinado por error cuando el Rey dijo "...¿Qué no habrá quién me libre de este hombre?".

Tonatiúh

(náhuatl) El dios sol, el cielo más alto y el mayor honor para los guerreros aztecas. El nombre es aún popular en nuestros días.

Tototl

(náhuatl) "Pájaro".

Trevor

(originario del Condado de Cornwall, Inglaterra). "Gran casa". El actor de cine Trevor Howard, de la película "El Motín del Caine".

Tristán

(celta) "Valiente, arriesgado". De la tragedia *Tristán e Isolda*, el joven Tristán de Leonis se enamora de Isolda, hija del Rey de Irlanda a pesar de estar ella comprometida en matrimonio con el Rey de Cornualles.

Tulio

(latín) "Aquel que levanta el ánimo".

Tyrone

(irlandés) "La tierra de Owen". El actor Tyrone Power.

Ulises
(latín) "Herido en el muslo" o "lleno de ira". Equivale a Odiseo, el héroe de Homero en su obra *La Iliada*.

Ulrick
(germano) "Gobierno de lobos". Variación: Ulrich.

Umberto
Variación de Humberto.

Urano
(griego) El rey de los siete titanes de la mitología griega. Tomó a la tierra para hacerla su jardín.

Uri
(hebreo) "Luz". El prestidigitador Uri Geller, quien declaró tener un poder mental superior al común de los mortales.

Uriel
(hebreo) "Llama de Dios" o "ángel de luz". Variación: Urias, Ury. Uriel fue un ángel llamado por el poeta John Milton "El Regente del Sol".

Vado
Disminutivo de Osvaldo.

Valente
(latín) "Sano, lleno de vida".

Valentín
(latín) "Saludable, fuerte". Valentín Gómez Farías, personaje histórico mexicano. San Valentín, celebrado el 14 de febrero, día del amor y la amistad.

Valerio
(español) Forma masculina de Valeria, una ciudad española de la antiguedad.

Vicente
(latín) "Conquistando". El cantante folklórico Vicente Fernández. Vicente Riva Palacio, escritor mexicano.

Víctor
(latín) "Conquistador". Víctor Hugo, afamado escritor francés, autor de "Los Miserables".

Vincent

(latín) "Conquistando". Variación de Vicente. Vicent Van Gogh, gran pintor impresionista holandés, cuyos cuadros están entre los más valiosos del mundo. El director de cine Vincent Minnelli, padre de la cantante Liza Minelli.

Virgilio

(latín) "Floreciente" Virgilio, el más grande de los poetas romanos, autor de la *La Eneida*.

Vladimir

(ruso) "Príncipe del mundo" o "gloria de un príncipe". Vladimir Nabokov, autor de la novela *Lolita*.

Walter

(antiguo germano) Walt-harí "poderoso guerrero" o "líder del ejército". Sir Walter Raleigh, caballero expedicionario de la corte de Isabel I de Inglaterra en el siglo XVI. Walter Elias Disney, creador de las mejores caricaturas a nivel mundial y de los centros de diversión Disney World y Disneylandia.

Wilfrido

(germano) "Apacible, firme". Variaciones: Wilfred.

William

(germano) "Casco-voluntad". Versión inglesa de Wilhelm y de Guillermo. William Shakespeare, el más popular escritor de habla inglesa, entre cuyas obras están *Romeo y Julieta*, *La Fierecilla Domada* y *Macbeth*. William "the Conqueror", conquistador de los anglosajones en 1066, formando asi la nueva raza británica. Los actores William Holden y William Hurt.

Willhelm

(germano) Ver. Guillermo. (Se pronuncia Viljelm).

Winston

(antiguo inglés) Windes-tun, "procedente de la aldea o la casa de un amigo". Winston Spencer Churchill, político inglés, quien fungió como Primer Ministro en dos ocasiones (1940 y 1951) y contribuyó enormemente a la victoria de las fuerzas aliadas sobre Alemania en la Segunda Guerra Mundial con sus magníficas estrategias militares.

Wladislaw

(polaco) Variación de Walter. (Se pronuncia Vladislav).

Wolfgang

(germano) "Lobo y camino". El genio musical Wolfgang Amadeus Mozart, autor, entre otras, de la ópera "Don Giovanni". (Se pronuncia Gulfgang).

Xanthe

(griego) "Amarillo dorado". La versión masculina de Xanthus. (Se pronuncia Zante).

Xavier

(español, vasco) "Dueño de la nueva casa". Variaciones: Javier, Xaver, Javerri. "El Apóstol de las Indias", San Francisco de Xavier.

Xihuitl

(náhuatl) "Año", los años se marcaban con nombres de animales o de plantas como "el año dos-conejos o tres cañas".

Xiuhtecuhtli

(náhuatl) Era el dios del fuego en la mitología náhuatl, uno de los ciclos de nueve días conocidos como "Compañeros de la Noche" en el Calendario Azteca.

Xolotl

(náhuatl) Dios del juego de pelota, según el códice borbónico, que se jugaba con coderas y rodilleras de caucho y el equipo perdedor generalmente era sacrificado.

Yacatecuhtli

(náhuatl) Dios del comercio en la mitología náhuatl.

Yael

(hebreo) "Fuerza de Dios".

Yago

(portugués) Variación de Santiago, "el que queda en el lugar de otro". Variación: Iago. Iago, el villano de la obra *Otelo* de William Shakespeare. Yago, el gato del ladrón francés, Fantomas.

Yamil

(árabe) "Bello".

Yasar

(turco) "El que se va".

Yeicatl

(náhuatl) "Tres cañas". Personaje de la novela *Corazón de Piedra Verde*, esposo de la nodriza de la princesa Xúchitl,

Yoav

(hebreo) "Dios es mi padre". Variación: Joav.

Yoliztlaman

(náhuatl) "De genio vivo".

Yoltic

(náhuatl) "El que vive".

Yul

(mongol) "Más allá del horizonte". Yul Brynner, popular actor de cine, cuya madre era de origen suizo-mongol.

Zacarías

(griego) Nombre del padre de Juan el Bautista. Variación de Zecarías, "Dios ha recordado". El doctor Zachary Smith, personaje de la serie de televisión "Perdidos en el Espacio". Variaciones: Zachary (inglés), Zacharie (francés), Zaccharia (italiano), Zakarij (eslavo).

Zamah

(hebreo) "Planta" o "crecimiento".

Zared

(hebreo) "Emboscada".

Zeno

(griego) "Brillante", de la misma raíz que Zeus.

Zenobio

(griego) "Fuerza, poder de Dios".

Zeus

(griego) El último hijo del titán Cronos, el más importante y poderoso dios del Olimpo en la mitología griega. Tenía el poder de transformarse en cualquier forma y fue amante de casi todas las diosas del Olimpo y las ninfas de los bosques. Equivalente a Júpiter en la mitología romana.

Zev

(hebreo) "Venado". Variaciones: Zevie, Zvi.

Zipacná

(maya) "Creador de montañas". El hijo mayor de Vucub-Caquix, en la leyenda maya del *Popol-Vuh*.

Zuriel

(hebreo) "Dios, mi piedra o mi roca".

Nombres
PARA NIÑA

Abal
(maya) "Ciruela".

Abigail
(hebreo) "Padre de la alegría". Variación: Abbey, Abi, Gail.

Abil
(maya) "Nieta".

Abril
(latín) "Iniciación". Muy común en México y en los países de habla inglesa en su versión "April".

Acacitli
(náhuatl) "Liebre de las aguas".

Ada

(inglés antiguo) Eada, "próspera, feliz".

Adela

Ver Adelaida.

Adelaida

(antiguo germano) "De noble rango". Variaciones: Adela, Adelaide, provincia de Australia.

Adriana

(latín) "La morena". Variaciones: Adria, Adrienne.

Afrodita

(griego) Nacida de la espuma del mar, era la diosa del amor, de la belleza, del deseo, de la dulzura y de la alegría femenina. Atada a su cintura llevaba la magia de la pasión. A pesar de ello, fue casada con el dios Hefaistos, el más feo del Olimpo.

Agatha

(griego) "Buena, amable". Variaciones: Agatita, Aggie, Agueda, Agata. La novelista inglesa Agatha Christie, autora de más de 70 novelas de crimen, como *Maldad bajo el Sol* y *Asesinato en el Expreso a Oriente*.

Agnes

(griego) Hagne "la pura" Variación: Inés (español). "Agnes of God", película de Jane Fonda. Nombre muy popular en los siglos XVI y XVII. La actriz Agnes Moorehead, "Endora", en la serie de televisión "Hechizada".

Agueda

Ver Agatha.

Ahuic

(náhuatl). Era la diosa del agua en la mitología náhuatl.

Aimée

(francés) "Amada". Se pronuncia Emé.

Aída

(germano) "Feliz". Aída, ópera sobre una cautiva etiope de Giusseppe Verdi. Aída Viderique, esposa del Presidente de México, Abelardo Rodríguez.

Aislinn

(celta-irlandés) "Visión" o "sueño". Aislinn de Darkenwald, protagonista principal en la novela *El lobo y la Paloma* de Kathleen E. Woodiwiss, que relata la conquista normanda de los anglosajones. (Se pronuncia Eslin).

Alanna

(celta-irlandés) "Brillante y bella". Alanna Stewart, esposa del cantante de rock, Rod Stewart.

Alethia

(griego) Representante de la verdad en la mitología griega. Variación: Aletha, la esposa del Príncipe Valiente en la mitología anglosajona y Reina de las Islas Brumosas.

Alexandra

(griego) Alexandros "ayudador y defensor de la humanidad". Variaciones: Alejandra, Alexis, Alexia, Sandra, Zandra, Alessandra. La princesa Alexandra de Kent.

Alexia

(griego) Ver Alexandra. Alexia, primogénita del Rey Constantino de Grecia y de Ana María de Dinamarca.

Alexis

Ver Alexandra. Alexis Colby, villana de la serie "Dinastía", interpretada por Joan Collins.

Alfonsina

Femenino de Alfonso. La poetista Alfonsina Storni ("Dolor" y "Tú me quieres blanca"), quien se suicidó introduciéndose en el mar. La canción de "Alfonsina y el Mar" que relata su historia.

Alicia

(griego) Alethia "la verdadera". *Alicia en el País de las Maravillas* de Lewis Carroll. Alicia Rodríguez, actriz mexicana.

Alisa

(hebreo) "Alegría".

Alison

(inglés antiguo) "Hija de noble" Se utiliza también como apellido. La actriz June Allyson. Variación: Allyson.

Alma

(español-italiano) "Espíritu" La periodista Alma Reed.

Amacalli

(náhuatl) "Cajita de papel".

Ambar

(francés) "La joya ámbar". Heroína de la novela *Por Siempre Ambar* de Kathleen Windsor, que relata la historia de Amber St. Clare en tiempos del Rey Charles II en Inglaterra.

Angela

(francés antiguo) "Angel o mensajero". Variaciones: Angie, Angelita, Aingeal (irlandés), Angele (francés), Gela. Angela Lansbury, actriz norteamericana que interpreta a la Sra. Fletcher. en la serie televisiva "Murder She Wrote".

Aniela

(ruso) Variación de Angela.

Ana

(hebreo) Hanne "la agraciada". Variaciones: Anna, Anne, Ann, Annie, Nita, Annette, Ninón, Nina. Anna Leon-Owens, la profesora del rey de Siam, responsable de la primera europeanización de Tailandia, tal y como se describe en la película "El Rey y Yo" con Yul Bryner y Deborah Kerr. Doña Ana de Pantoja, la prometida de Don Luis Mejía, en la obra de José Zorrilla *Don Juan Tenorio*. La Princesa Ana de Inglaterra. Anne Bancroft, actriz norteamericana.

Angélica

(latín) Angelicus, "la angelical". Variaciones: Angeles, Angélica, Anjelica.

Andrea

(latín) "Femenina". Variaciones: Andria, Andreana, Andriana. La actriz mexicana Andrea Palma.

Andrómeda

(griego) Hija del Rey Cefeo de Etiopía, en la mitología griega. Fue liberada por Perseo del castigo impuesto por la diosa Hera por querer competir contra ella y las Nereidas en belleza.

Anona

(latín) "Cosechas anuales". Era la diosa romana de los cultivos.

Antonia

(latín) "Invaluable". Variaciones: Toña, Antoinette, Antonietta (italiano).

Ara

(griego) "Un Altar". También posiblemente la contracción de araceli. Ara era la diosa griega de la destrucción y la venganza.

Arabella

(posiblemente latín) Orabilis, "capaz de ser convencida" o "bello altar".

Areta

(griego) "Excelencia, Virtud". Variaciones: Aretta, Arette.

Aria

(italiano) "Una melodía".

Ariadna

(latín) "Muy sagrada" o "muy agradable". Hija de Ninos y Persifae, fue salvada por Teseo de un monstruo marino que iba a devorarla. Después, abandonada por éste, se casó con el dios Baco, quien le dio el don de la immortalidad.

Ariana

Ver Ariadna.

Artemisa

(griego) Nombre mitológico de la hija de Zeus y Leto, melliza del dios Apolo, representaba una casta virgen al ser diosa de la luna. Su magnífico templo en Efeso (hoy en Turquía) fue considerado una de las siete maravillas del mundo antiguo.

Astrid

(escandinavo) "Fuerza divina" Nombre de varias reinas escandinavas, entre ellas Astrid, hermana del Rey Harald de Noruega.

Atalia

(hebreo) "Dios sea loado".

Aurora

(latín) "Resplandor" o "amanecer". Personaje principal del cuento "La Bella Durmiente del Bosque". Era la diosa de la mañana en la mitología romana.

Ava

(germano) Pronunciación alemana de "Eva". La actriz Ava Gardner, considerada por los críticos como "el animal más bello del mundo".

Ayonectili

(náhuatl) "Agua de miel".

Azul

Nombre de un color. Utilizado en México como nombre para niñas.

Bachué

(Colombiano) Era la Diosa de la fecundidad chibchá.

Bambi

(italiano) Abreviatura de bambino ("niño"). También el nombre del cervatillo de la película "Bambi" de Walt Disney.

Bárbara

(griego) "Extraña o extranjera". Sus variaciones: Barbie, Babette o Bonnie.

Beatriz

(latín) Beatrix, "La que hace felices a los demás". Variaciones: Beatrice (italiano), Betty, Beitris. Beatrice, la heroína de la *Divina Comedia*, de Dante Allighieri.

Becky

Ver Rebeca.

Belinda

(español antiguo) "Bella, hermosa".

Berenice

(griego) "La que conduce a la victoria". Berenice, una princesa judía.

Bernadette

(francés). Diminutivo de Bernardo, (alemán) "gran oso" La cantante y actriz norteamericana Bernadette Peters. Santa Bernadette, la niña prodigiosa a quien se apareció la Virgen de Lourdes en Francia.

Bertha

(germano) "Brillante". Bertha Von Glumer.

Bette

Derivado de Elizabeth. Bette Davis, primerísima actriz norteamericana y Bette Midler.

Bettina

(hebreo) Derivado de Elizabeth, "juramento de Dios". Bettina Bretano, enamorada fiel del poeta alemán Goethe, a pesar de ser muchísimos años menor.

Betsy

Ver Elizabeth.

Beverly

(inglés antiguo) Beo-for-leah. "la que vive en los campos de castores". El área donde viven las estrellas de cine norteamericanas, Beverly Hills. La actriz Beverly Owen ("Marilyn") en la serie de televisión "los Munster".

Bianca

(italiano) "Blanca". Personaje de la obra de William Shakespeare *La Fierecilla Domada*.

Blanca

(germano) "Brillante y distinguida". Variaciones; Blanche. El personaje de los cuentos infantiles "Blanca Nieves".

Blanche

Ver Blanca. Blanche Du Bois, personaje central en el melodrama de Tennessee Williams "Un Tranvía llamado Deseo", interpretado en teatro en México por Jacqueline Andere. (Se pronuncia Blansh)

Bonitzú

(indígena) significado desconocido.

Bonnie

Ver Bárbara. Bonnie Blue Butler, hija de Rhett Butler y Scarlett O' Hara en la novela "Lo que el Viento se Llevó".

Brenda

(celta-irlandés) "Pequeño cuervo". La actriz Brenda Vaccaro.

Brigitte

(germano) "Fuerza" Variaciones: Bridget (irlandés), Brígida (italiano), Brigit (escadinavo). La actriz francesa Brigitte Bardot, símbolo sexual de los 60's.

Brunella

(francés antiguo) "La del cabello castaño".

Brunilda

(germano) "Pecho de batalla". De la mitología germana, uno de los personajes de las Valkirias de Wagner, forzada a casarse con el Rey Gunther, al ser el único capaz de derrotarla.

Byrna

(celta-irlandés) Femenino de Brial. "virtud y honor". (Se pronuncia Birna)

Cara

(italiano) "Querida, amada".

Carmen

(árabe) "Viña" o (latín) "una canción". La heroína de la ópera de Georges Bizet. Variaciones: Carmela, Carmina, Charmaine.

Carolina

(germano) "Fuerte". Variaciones: Carla, Karla, Carola, Carlota. Carolina de Mónaco, la hija mayor del Príncipe Rainiero y la actriz Grace Kelly.

Cassandra

(griego) "La que ayuda al hombre" o "a la que no cree el hombre". Hija de Hécuba y Príamo, princesa de Troya, fue tomada como prisionera por los griegos tras la derrota de su país. Apolo le había dado el don de la profecía, pero al ser desdeñado por Cassandra, la maldijo para que nadie creyera en sus palabras, aún cuando fueran verdad.

Catalina

(griego) "Pura". La reina rusa Catalina la Grande. Catalina de Erauzo, la famosa monja Alferez de tiempos de la Colonia. Variaciones: Katherine, Kathryn, Caterina (italiano), Katalin (húngaro), Katarzyna (polaco).

Cecilia

(latín) "De vista corta". Santa Cecilia, mártir de siglo III D.C.,
patrona de la música. Variaciones: Cécile (francés).

Celia

(latín) "Venida del cielo" Variaciones: Celina, Celestina. *La
Celestina*, obra de teatro,española de Fernando de Rojas.

Celic

(náhuatl) "Ternura".

Cenicienta

(francés) Cendrillon, "la pequeña de entre las cenizas".
Nombre inventado por Charles Perrault para el cuento infantil
"Cenicienta" sobre una pequeña huérfana que tiene un hada
madrina, pierde un zapato y llega a ser princesa.

Chantal

(francés) Chantal Nobel, protagonista de la serie francesa
"Chateauvallon", es el símbolo de la mujer madura atractiva.

Citlali

(náhuatl) "Estrella". La nodriza de la Princesa Xúchitl en la
novela *El Corazón de Piedra Verde* de Salvador de
Madariaga.

Citli

(náhuatl) "Liebre".

Clara

(latín) "Brillante". Santa Clara de Asís, del siglo XII, ardiente
colaboradora del fundador de la orden franciscana, San
Francisco de Asís. Variaciones: Clare, Claire, Chiara, Klara.

Clarissa

(latín) Variación de Clara.

Claudia

(latín) "Lisiada". La actriz mexicana Claudia Islas.
Variaciones: Claudie Claudette, Claudine (francés).

Coatlicue

(náhuatl) Una de las cinco diosas lunares, madre de
Quetzalcóatl, representada portando una falda de serpientes.

Colleen

(celta-irlandés) "Niña, jovencita". Femenino de Colin. Colleen
McCullough, autora de la novela *Amor entre Espinas* (Se
pronuncia colín).

Columba

(latín) "Paloma". La actriz mexicana Columba Domínguez.
San Columba, fundador de Irlanda como país cristiano.

Consuelo

(español) "Consolación". "Consuelo", la novela de la escritora
George Sand. La compositora Consuelito Velázquez.

Cora

(griego) "Doncella". Cora, la heroína de la novela de James
Fenimore Cooper *El Ultimo Mohicano*.

Corinna

(griego) Variación de Cora.

Cordelia

(celta) significado desconocido. (latín) "virtud femenina". La hija fiel del Rey Lear en la obra de William Shakespeare del mismo nombre (*King Lear*).

Cosette

(francés) "Ejército victorioso". La hija adoptiva de Jean Valjean en la novela de Víctor Hugo *Los Miserables*. (Se pronuncia Cozet).

Cristina

(griego) Forma femenina de Cristo. La heredera más rica del mundo, Cristina Onassis. Cristina Ferrare, exmujer de magnate De Lorean y hoy esposa de presidente de la cadena televisiva ABC de E.E. U. U. La infanta Cristina de Borbón.

NOTA: Al parecer el nombre de Cristina atrae la fortuna .

Cynthia

(griego) En la mitología griega fue uno de los nombres de Artemisa, Diosa de la luna.

Cyrene

(griego) La ninfa que el dios Apolo llevó a Libia, según la mitología griega. (Se pronuncia Cirene).

Dacia

(griego) Dako, "procedente de Dacia". .

Dafne

(griego) Una ninfa profética de Parnasos. Fue perseguida por el dios Apolo y al estar a punto de ser alcanzada se encomendó a su madre y al instante quedó convertida en un laurel. Daphne Du Maurier, escritora francesa, autora de *Buenos Días, Tristeza.*

Dagmar

(danés) "Claridad y famosa" o "gloria del día".

Dalia

(nórdico) "Procedente del valle". Nombre de una flor, tras el botanista sueco. A. Dahl.

Dalila

(hebreo) "Languidece" o "gentil". Variaciones: Delilah y Delila. Dalila, personaje bíblico que traicionó a Sansón, haciéndole caer en poder de los filisteos, al perder él su fuerza cuando ella le cortó el cabello mientras dormía.

Daniela

(hebreo) "Dios es mi juez". Variación: Danielle (francés), Daniela Romo, cantante mexicana. Danielle Steele, escritora norteamericana.

Dara

(hebreo) "Casa de la compasión o la sabiduría".

Debra

Variación de Débora, la actriz Debra Winger ("An Officer and a Gentleman", "Reto al Destino").

Deborah

(hebreo) "Una abeja". Tiene variaciones como Debra y Debby. Deborah Kerr, actriz inglesa ("Buenos Días, tristeza") y Debbie Reynolds ("Cantando bajo la lluvia").

Delia

(griego) Delos, "visible" o "procedente de la isla de Delos", lugar de nacimiento de la diosa Artemisa. Alma Delia Fuentes, Delia Magaña, actrices mexicanas.

Delicia

(latín) Deliciae. "Algo delicioso".

Deméter

(griego) "Tierra maternal". Fue la diosa de las siembras y los cultivos en la mitología griega. Hermana de Zeus, sufrió el rapto de su hija Perséfone por su hermano Hades, dios de los infiernos, y como consecuencia se negó a cuidar de sus deberes, secando la tierra y trayendo consigo el invierno. Zeus trató de arreglar el asunto dejando que Perséfone subiera a la tierra con su madre durante seis meses al año, que son los meses de primavera y verano.

Demetria

(femenino de Demetrio).

Denise

(francés) "Perteneciente a Dionisio, el dios del vino". La cantante brasileña Denise de Kalafe.

Desirée

(francés) "Deseada". Desirée, amante del Emperador Napoleón.

Diana

(latín) "Divina" Variación: Diane. Lady Diana Spencer, Princesa de Gales, El personaje de Lucía Méndez, "Diana Salazar". La actriz norteamericana Diane Baker. Diana es equivalente a la Artemisa griega.

Diandra

Combinación entre Diana y Sandra. La esposa del actor y director Michael Douglas ("Atracción Fatal" y "Dos bribones tras la Esmeralda Perdida")

Dina

(hebreo) "Famosa por su belleza". Dina de Marco, actriz mexicana y madre de Rocío Banquells.

Dido

(latín) Reina tiria de la mitología romana, que al huir de su hermano Pygmalión, llegó al Africa y consiguió, por medio de una piel de buey y mucha astucia, grandes extensiones de tierra. Sin embargo, al sufrir el abandono de su amado Eneas, se arrojó con las pertenencias del joven a una pira funeraria.

Dionisia

Versión femenina de Dionisio.

Dixie

(francés) "El décimo". Proveniente de los estados del sur de los E.E.U.U.

Dolores

(español) "Pesares". La actriz mexicana Dolores del Río ("María Candelaria"). Variaciones extranjeras: Delores, Deloris, Delorita.

Dominique

(latín) Versión femenina de Dominique. Famosa canción y película con Debbie Reynolds.

Donají

(zapoteca) "Será amada" Nombre de una princesa oaxaqueña.

Dora

(griego) "Regalo". También podría ser diminutivo de Teodora o Dorotea. Variaciones: Dorena, Doralin, Doreen, Dorelia.

Doralin

Ver Dora.

Dorcas

(griego) "Gacela". Nombre de una de las "novias" en la película "Siete novias para siete hermanos".

Doreen

Ver Dora. (Se pronuncia Dorín)

Dorelia

Ver Dora

Dorena

Ver Dora.

Dorinda

(griego-español) "Hermoso regalo".

Dorotea

(griego) "Regalo de Dios". Personaje central de la película "El

Mago de Oz'" Variaciones: Dorothy, Dolly, Doty, Doro, Dorothée.

Drusilla

(griego) "La de ojos dulces".

Dulce

(latín) Dulces, "de sabor azucarado o meloso". La cantante mexicana Dulce.

Dulcinea

(español) "Mujer dulce". Dulcinea del Toboso, la mujer ideal de Don Quijote de la Mancha, que era en realidad una camarera de nombre Aldonza Lorenzo.

Edén

(posiblemente hebreo) "Deleite"; o (babilonio) "paraíso terrenal". Como apellido, Bárbara Eden, actriz que interpreta a Jeannie en "Mi Bella Genio".

Edith

(germano) "Dueña de posesiones". Edit, esposa de Lot, quien al desobedecer a su esposo y voltear hacia atrás quedó convertida en una estatua de sal. La actriz Edith González.

Elaia

(griego) Hermana de Esper y Ocno, en la mitología griega, tenía el poder de trocar en aceite todo lo que tocara. Baco la convirtió en paloma para salvarla de Agamenón durante el Sitio de Troya.

Elaine

(antiguo francés) Variación de Elena. Variación: Elayne

Elana

(hebreo) "Roble".

Elena

(griego) "Brillante". La famosa Elena de Troya (variación con "H") esposa de Menelao, Rey de Grecia, causante del Sitio de Troya y de la muerte del príncipe Paris. La infanta Elena de Borbón, hija de los Reyes de España.

Elisa

(Variación de Elizabeth).

Eliza

Ver Elizabeth (Se pronuncia "Ilaisa"). La insignificante violetera que se pone en manos del Profesor Higgins para aprender a hablar y comportarse y logra pasar por una princesa húngara en un baile del Palacio Real, en la película "Mi Bella Dama", con Audrey Hepburn y Rex Harrison.

Elizabeth

(hebreo) Elisheba. "consagrada a Dios", o "juramento a Dios". Elizabeth I, Reina de Inglaterra, que convirtió a su país en la primera potencia mundial de su época. Hija de Ana Bolena y Enrique VIII. Variaciones: Isabel, Betty, Betsy, Elspeth (escocés) Eliza, Elisa, Liz.

Elsa

(antiguo germano) "Noble". La actriz Elsa Lanchester y la novia en la ópera de Lohengrin, Elsa. La actriz mexicana Elsa Aguirre.

Elvira

(latín) Albinia, "rubia, blonda". La desaparecida Elvira Quintana. Doña Elvira, una de las hijas del Cid Campeador.

Emma

(antiguo germano) Imma, "la universal" (alemán) Amme, "enfermera". La novela *Emma* de Jane Austen. Lady Emma Hamilton, el amor del Almirante Horacio Nelson. La actriz Emma Sams, "Fallon" en la serie "Dinastía".

Enid

(antiguo galés) "Pureza". La Reina Enid de Inglaterra, de la película "Los Vikingos", con Kirk Douglas y Tony Curtis. (Se pronuncia Inid).

Eréndira

(tarasco) "La que sonríe". Nombre de una princesa michoacana.

Erika

(antiguo nórdico) Eyrekr, "Siempre poderosa". La actriz mexicana Erika Buenfil. Variaciones: Erica.

Ernestina

(germano) "Tenaz, honesta". Forma femenina de Ernesto. La soprano mexicana Ernestina Garfias.

Erzsebét

(húngaro) Variación de Elizabeth.

Esmeralda

(español). "Piedra preciosa color verde" La gitana de quien
se enamora el jorabado Quasimodo en *El jorobado de
Nuestra Señora de París*.

Esper

(griego) Hermana de Elaia y Ocno en la mitología griega,
trocaba en trigo todo lo que tocaba. Escapó del sitio de Troya
convertida en una paloma con ayuda del dios Baco.

Esperanza

(una virtud). La actriz de principios de siglo, Esperanza Iris.

Estefanía

(griego) "Corona". Versión femenina de Esteban. La princesa
Estefanía de Mónaco. La actriz norteamericana Stephanie
Powers ("Los Hart, Investigadores"). La actriz inglesa
Stephanie Beacham ("Los Colby").

Etheldreda

(inglés antiguo) "Fuerza noble". Nombre de una reina
anglosajona de la Edad Media.

Eugenia

Femenino de Eugenio. María Eugenia Ríos y Eugenia
Avendaño, actrices mexicanas. María Eugenia "Kena"
Morena, dueña de la revista "Kena".

Euríneme

(griego) Amante de Zeus en la mitología griega. Hija de
'Okeanos y Tethis, madre de las tres Charites.

Euterpe

(griego) "Bien" y "deleite" Una de las nueve musas de la mitología griega, representante del baile y la música.

Eva

(hebreo) "Varona" o "vida". La primera mujer creada, compañera de Adán. La primera dama argentina, Eva Perón. La primera dama mexicana, Eva Sámano de López Mateos.

Evelyn

(inglés) Relativo a Eva, puede usarse indistintamente para hombre y mujer. Evelyn Lapuente, locutora de televisión.

Fabia

Femenino de Fabián.

Fabiola

Diminutivo de Fabio, "cultivador de Frijoles". La actual Reina de Bélgica, Fabiola.

Fanny

(nombre cariñoso francés). La desaparecida actriz michoacana Fanny Cano (Rubí).

Fay

(francés) Fae, "un hada o duende", o (celta -irlandés), "el

cuervo". Variación: Faye. La actriz Faye Dunaway ("Bonnie & Clyde"). (Se pronuncia Fei).

Fe

(inglés) Fayth, "creencia en Dios; lealtad". Variación: Faith. Faith Esham, cantante de ópera norteamericana.

Fedora

Variación de Teodora.

Fedra

(griego) Hija de Minos, Rey de Creta. También la hija del actor Rogelio Guerra.

Felicia

(latín) "La que es feliz". La actriz Felicia Mercado.

Fernanda

(germano) Femenino de Fernando. La escritora de telenovelas, Fernanda Villeli. Muy popular como Luisa Fernanda o María Fernanda.

Fidelia

(latín) Indicativo de Fidelidad.

Flora

(latín) Flos, "una flor". La diosa de la primavera en la mitología romana.

Florinda

Combinación de Flora y Belinda. La actriz mexicana Florinda Meza ("Doña Florinda"). La actriz Florinda Bolkan ("Anónimo Veneziano").

Francisca

Femenino de Francisco. Variaciones: Frances, Françoise (francés).

Freda

(germano) "Paz". Variaciones: Frieda, Frayda.

Freydis

(antiguo nórdico). Hermana de Leif Ericson e hija de Eric el Rojo, ambos exploradores vikingos. Traicionó a su hermano durante una de las expediciones, pasando a cuchillo a todos sus servidores. Leif Ericson la maldijo.

Frida

(germano) "Paz". Frida Kahlo, magistral pintora mexicana, esposa del pintor Diego Rivera.

Fulvia

(latín) "Del color amarillo".

Gabriela

(hebreo) Ver Gabriel. La poetisa Gabriela Mistral.

Galatea

(griego) Galateia, "de complexión muy blanca, lechosa". Obra de teatro española, *La Galatea*, de Miguel de Cervantes.

Gardenia

(latín moderno) "Flor blanca y perfumada". El nombre fue dado a esta flor por el botanista Alexander Garden, quien la descubrió en el siglo XVIII.

Gemma

(latín) "Piedra preciosa". Sta. Gema Galgani.

Genoveva

(antiguo germano) Geno-wefa, "Ola Blanca". Variación: Guinevere. Guinevere, esposa del Rey Arturo, a quien traiciona con uno de sus caballeros de la Tabla Redonda, Lanzarote del Lago.

Georgette

Variación de Georgina.

Georgiana

Femenino de Jorge. Variación de Georgina. La hermana de Loretta Young y esposa de Ricardo Montalbán, Georgiana. (griego) "campesino".

Georgina

Ver Georgiana.

Gertrudis

(antiguo germano) "Amada de las lanzas" Variaciones: Gertrude, Trudy, Geltruda, Gertie. Gertrude, una de las heroínas en las Valkirias de Wagner.

Giğdem

(turco) "Rocío" (Se pronuncia Gidém)

Gigi

Diminutivo de Gilberta. Personaje central de la obra "Gigi" de Colette, que trata de una jovencita educada para ser cortesana que termina de esposa del soltero codiciado de París. Interpretada en teatro por Angélica María y después por Edith González.

Gilberta

(antiguo germano) "Rehén". Variación: Gilberte, Berta.

Gilda

(antiguo inglés) Gyldan, "Cubierta de Oro". La hija de Rigoletto en la ópera de Verdi. También la película "Gilda" que hizo famosa a Rita Hayworth.

Gina

Abreviación de Georgina o Regina. Gina Lollobrigida, actriz italiana que interpretó a "Esmeralda", la gitana, el amor de Quasimodo en "El jorobado de Nuestra Señora de París".

Gisela

(antiguo germano) "Promesa" o "rehén". Variaciones: Giselle, Gisele. Giselle, esposa del Rey Rollo de Normandía en el siglo IX d.C. El ballet "Giselle"

Giselle

Ver Gisela (Se pronuncia Yisel)
"Giselle", famoso Ballet clásico.

Gloria

(latín) "La gloriosa". Las actrices Gloria Marín y Gloria Swanson. El poema de Salvador Díaz Mirón, "A Gloria".

Gracia

(latín) Gratia, "agraciada la atractiva". Variaciones: Grace, Engracia, Giorsal (escocés). La ex-actriz y Princesa de Mónaco, Grace Kelly.

Granate

(inglés) Garnet, Piedra semi-preciosa de color rojo quemado.

Gretchen

(germano) Diminutivo de Margaret.

Gretel

(germano) Diminutivo de Margaret. La niñita que se pierde en el bosque con su hermano en el cuento infantil de Grimm "Hansel y Gretel".

Griselda

(antiguo germano) Grisja-hilde. "La doncella de batalla gris" Uno de los personajes del *Decameron* de Bocaccio. Variaciones: Grishilde, Griseldis, Grizel, Grizelda. También el nombre de una de las hermanastras de Cenicienta.

Grizel

Ver Griselda.

Guadalupe

(mexicano) Nombre tomado del Cerro de Guadalupe tras las apariciones de la Virgen de Guadalupe al Indio Juan Diego, pidiendo se le erigiera un templo en ese lugar (La Basílica de Guadalupe). Variaciones: Lupita, Lupe, Gualu, Pita. La poetisa mexicana Pita Amor. La actriz venezolana Lupita Ferrer.

Guillermina

(germano) "Protectora". Femenino de Guillermo. Variación:
Wilhelmina (alemán).

Gulnur

(turco) "Rosa plácida". (Se pronuncia Güiulnur).

Gwen

Ver Jennifer.

Guinevere

Ver Genoveva (Se pronuncia Güinevier)

Gwendolyn

(antiguo inglés) "La de las cejas blancas". Esposa del mago
Merlín en las leyendas mitológicas anglosajonas.

Habibeh

(árabe) El nombre de la Begum Aga Khan, madre del Aga
Khan, una de las mujeres más elegantes del mundo.
(Se pronuncia Jabíbe).

Haidee

(griego) "Respetuosa" o "tímida". Variaciones: Haydé, Aidée.

Haley

(inglés) "La que jala fuerte" La actriz conocida como "la niña de Tiger Bay", Haley Mills, hija de Sir John Mills. (Se pronuncia Jeili).

Hana

(checo) Variación de Ana. Hana Mandlikova, tenista checoslovaca.

Hannah

(hebreo) Khannah, la "agraciada".

Harintu

(asirio) "La persuasión". Servidora de Ishtar. Fue una diosa casquivana, esposa de Dunmuzi en la mitología asiria.

Hazel

(inglés antiguo). "El nogal". Se dice de la gente de ojos café claro". (Se pronuncia Jeisel).

Heather

(inglés) "La flor o arbusto de brezo". La flor de color violeta que adorna las montañas de Escocia. (Se pronuncia Jeder).

Hedy

(griego) "Dulce" o "agradable". La actriz norteamericana Hedy Lamarr ("Sansón y Dalila").

Heidi

(germano) Variación de Adalheid (Adelaida). La novela "Heidi " de Johanna Spyri, sobre una niña huérfana en Suiza que sirve de compañía a una niña inválida. (Se pronuncia Jaidi).

Helena

Variación de Elena. (griego) "luz" o "una antorcha". Helena de Troya. Helen Hayes, actriz norteamericana.

Helga

(escandinavo) "Sagrada". Variación de Olga (Se pronuncia Jelga).

Hester

(griego) Aster, "estrella" (Se pronuncia Jester).

Helué

(árabe) "Bonita" o "dulce".

Hilda

(germano) "Doncella de batalla". Una santa del siglo XVII fundadora de la Abadía de Whitby en Yorkshire, Inglaterra.

Holly

(antiguo inglés) "Arbol de acebo".

Hope

(inglés) Versión inglesa de Esperanza. La actriz Hope Lange.

Hortensia

(latín) "Del jardín". Nombre de una flor violácea, muy popular en México.

Ida

(germano) "Juvenil" o "trabajo". La heroína del poema "La Princesa" de Alfred Lord Tennyson. La actriz Ida Lupino.

Idalia

(griego) "Ver el sol". La actriz de teatro y periodista María idalia, esposa del actor y director Lorenzo de Rodas.

Ileana

(griego) "Procedente de la ciudad de Ilión (Troya). (rumano). Variación de Elena.

Ilia

(griego) Ilio, "el sol". Tomado de "La Iliada" de Homero. La cuidad de Ilia, que después se llamó Ilión y por último fue la famosa ciudad de Troya.

Inés

(griego) "Pura". Sor Juana Inés de la Cruz "La Décima Musa". Doña Inés, la novicia burlada en la obra *Don Juan Tenorio* de José Zorrilla".

Inci

(turco) "Perla" (Se pronuncia Inyi).

Inga

(sueco) Versión femenina de Inge. "juventud".

Inger

(escandinavo) de la raíz "ing", que significa "batalla", "jefe" o "juventud". Variaciones: Inga, Ingo, Ingvaar. Inger Stevens, actriz norteamericana. (Se pronuncia Inger)

Ingrid

(antiguo nórdico) "Hija de un héroe". La actriz sueca, Ingrid Bergman ("Por quién doblan las campanas").

Irene

(griego) "Paz". La actriz griega Irene Papas.

Irina

(ruso) Variación de Irene

Iris

(griego) En la mitología griega fue la mensajera de los dioses y la diosa del arcoiris.

Irlanda

País europeo, una isla al oeste de gales. Irlanda Mora, actriz mexicana.

Isa

(germano) "Hierro". Podría también ser abreviatura de Isabel.

Isabel

(hebreo) "Juramento de Dios". Variaciones: Elizabeth (inglés), Erzsebét (húngaro), Isobel (inglés). La reina Isabel la Católica, quien según la historia, patrocinó los viajes de Colón a América. Isabel Perón, segunda esposa del presidente argentino Juan Domingo Perón.

Isadora

(griego) "Don de Isis". Isadora Duncan, célebre bailarina que murió ahorcada al enredarse su propia bufanda en las ruedas de la carroza que la transportaba.

Isis

(egipcio) "Suprema diosa del espíritu". Era la antigua diosa de la fertilidad y de la luna en la mitología egipcia, madre de Horus y esposa de Osiris.

Isolda

(anglo-sajón) "La bella". En la mitología anglosajona, fue la hija del rey de Irlanda, quien a pesar de estar prometida al rey de Cornualles, se enamoró de Tristán de Leonis, muriendo los dos trágicamente.

Ishtar

(sumerio) Diosa del amor y de la fertilidad en la mitología sumeria. Se enamoró del Rey Gilgamesh, quien la despreció. Ella recurrió a su padre para que enviara un toro asesino al rey, pero ni así...

Itzel

(maya) "Lucero de la tarde".

Ivanka

(ruso) Variación de Juana. Femenino de Iván.

Ixchel

(maya) Ixchel significa "arcoiris" y es la diosa maya del agua, equivalente a Chalchiuhitlicue en náhuatl, esposa de Quetzalcóatl.

Jacaranda

(tupí) "Fuerte aroma". Nombre de una flor. La desaparecida hija de Columba Domínguez y del "Indio" Fernández, Jacaranda Fernández.

Jacqueline

(francés antiguo) Femenino de Jacob, James, o Jack. Jacqueline Andere, actriz de televisión y teatro. Jacqueline Bouvier Kennedy-Onassis, la controvertida viuda del presidente John F. Kennedy y del magnate Aristóteles Onassis.

Jade

(español) "Piedra de jade". Una piedra preciosa de color verde, muy utilizada en el méxico prehispánico para hacer joyas y máscaras mortuorias.

Jamila

(árabe) Variación de Yamile. "Bella" o "Hermosa".

Jazmín

(persa) Yasaman, "la flor del jazmín". Variaciones: Jazmina, Jessamyn, Yazmina.

Jeanette

Variación de Jane o Juana. Variación: Janet. Jeanette MacDonald, actriz.

Jemima

(hebreo) Yemimah. (Se pronuncia Yemaima). "una paloma".

Jennifer

(galés) "De pálidas mejillas". Derivado de Guinevere.

Jerusha

(hebreo) "Casada" (se pronuncia Yerusha). La heroína del libro "Hawaii" de James Michener, quien se casa con un misionero fanático que la lleva a cristianizar las islas de Hawaii.

Jessamyn

Variación en inglés de Jazmín (Se pronuncia Yésamin).

Jessica

(hebreo) "La adinerada". Personaje central de la tragedia de William Shakespeare, *El Mercader de Venecia*. Jessica Fletcher, personaje de Angela Lansbury para la serie de televisión "Murder She Wrote", sobre una escritora de novelas de crimen, que se ve siempre involucrada en crímenes reales.

Jill

(inglés) Variación de Julia. La actriz Jill St. John. La actriz Jill Clayburgh.

Jimena
Ver Ximena.

Joanna
(inglés) Variación de Joan o Juana, "Dios es bueno". Joanna Shimkus, actriz.

Jocelyn
(antiguo inglés) Goselin, "la justa". Una de las formas femeninas de Justin.

Jody
Variación de Judith.

Josefa
Ver Josefina. Josefa Ortíz de Domínguez, corregidora de Querétaro, heroína del movimiento de Independencia mexicana.

Josefina
(hebreo) Yoseph, "Añadirá". Josefina Beauharnais, emperatriz de Francia y esposa de Napoleón Bonaparte. Josefina Escobedo, actriz mexicana.

Jordana
(hebreo) Yarden, "la que desciende". Forma femenina de Jordán.

Joy
(latín) Joia, "la alegre". Variaciones: Joyce, Joice.

Judith
(hebreo) "De Judá" o "alabada". Nombre bíblico de la mujer

que cortó la cabeza de Holofernes para salvar su aldea natal. Judith Krantz, escritora, autora de *La hija de Mistral*.

Julia

(latín) "La que es llena de juventud". "Julia", película con Vanessa Redgrave y Jane Fonda. Variaciones: Julie, Jill, Juliana, Julieta, Juliette, Giulia, Giulietta. Julie Andrews, actriz y cantante inglesa ("La Novicia Rebelde" y "10, la Mujer Perfecta".) La actriz inglesa Juliet Mills.

Juliana

Ver Julia.

Julieta

(variación de Julia). Julieta Capuleto, la heroína de la obra de Shakespeare *Romeo y Julieta*, quien termina suicidándose con su amado.

Juncal

(español) "Lugar de juncos". La joven española que resultó "Miss Europa 1984", Juncal Rivero.

June

(latín) Junius, "nacida en junio". La actriz June Allyson.

Juno

(latín) "La celestial". Según la mitología romana fue una de las tres hijas de los titanes Cronos y Rea, esposa de Júpiter, y la diosa más importante del Olimpo. Equivalente a Hera en la mitología griega.

Justine.

(latín) Justus, "la justa". La hija de la heroína (Megan) en la novela de Colleen McCullough, *Amor entre Espinas*. (Se pronuncia Yustín).

Kaikeya
(sánscrito) Segunda esposa del rey Dasaratha en la mitología hindú. Odiaba tanto a su hijastro Rama, que lo envió a la jungla durante 14 años para que su hijo Bharata reinara en la India.

Kaisa
(finlandés) Variación de Cata.

Karen
(danés) Variación de Katherine. La actriz Karen Black.

Karla
(germano) Femenino de Karl (Carlos, en español).

Katalin
(húngaro) Variación de Catalina.

Kelda
(antiguo nórdico) "Una primavera".

Kerry
(irlandés) "La mujer morena". Referente a un condado de la República de Irlanda.

Kim
(celta) "Jefe". La actriz Kim Novak.

Kimberley
(antiguo inglés). "Del prado de la fortaleza". Nombre de un famoso diamante y de las minas de diamantes de Sudáfrica.

Kinnereth
(hebreo) Nombre de un lugar, "el mar de Galilea".

Kirene
(latín) Conocida como Coronis en la mitología griega, es la ninfa de Tesalia, quien valerosamente combatió a un león y logró someterlo sin más armas que su manos (en la mitología romana).

Krystle
Variación de Cristal. Krystle Carrington, personaje de la actriz Linda Evans para la serie de televisión "Dinastía". (Se pronuncia Crístal).

Kyra
(Variación de Cira) Forma femenina de Ciro.

Laila

(noruego) "Grandes extensiones de bosque".

Lalla

(indostano) "Tulipán" Lalla Rookh, la bella hija del emperador
de Delhi, India, según el poema de Thomas Moore.

Lani

(polinesio) "Celestial, real o de noble cuna". El nombre de la
princesa Liliuokalani, última reina del Hawaii. La cantante
Lani Hall, esposa de Herb Alpert.

Lanna

Variación de Alanna o Helena.

Laura

(latín) "Una corona o guirnalda de laureles". Variaciones:
Laureen, Laure, Laurette (francés).

Lavinia

(latín) Lavare, "la purificada" o (latín) Lavinia, "la dama de
Latium". La viejecita que descubre una cadena de crímenes
en su pequeña aldea, Lavinia Fullerton, según la novela
Matar es Fácil de Agatha Christie.

Leilani

(hawaiiano) Lei-lani, "Flor celestial". El "lei" es el collar de flores naturales (como la plumeria) con que se recibe a los visitantes en Hawaii.

Leda

Variación de Leticia. En la mitología griega, fue la madre de Helena de Troya.

Leticia

(latín) "Alegría". Variaciones: Letitia, Tisha, Tish, Letisha, Letizia (italiano). La actriz mexicana Leticia Perdigón.

Leto

(griego) Amante de Zeus en la mitología griega, y madre de Apolo, dios del sol y de Artemisa, diosa de la luna.

Lewanna

(hebreo) "La brillante" o "tan blanca como la luna".

Libia

Nombre de un país africano.

Licia

Pequeña región de la antigüedad al sur del Mediterráneo.

Lida

(eslavo) "Amada por la gente". Podría ser también diminutivo de Alida. Variación: Lyda.

Lilac

(persa) Nilak, "de color azuloso" o "flor de color violáceo".

Lilliana

(latín) "Lirio". Variaciones: Liliana, Lilia, Lilian, Lilí, Lilla, Lila.
La actriz mexicana Liliana Abud. La actriz del cine mudo,
Lillian Gish, Lillian Hellman, escritora de "La Zorra", obra en
la que debutó en teatro Elizabeth Taylor en 1982.

Liljana

Variación yugoeslava de Liliana (Se pronuncia Lilyana).

Linette

(antiguo francés) "Jilguero" Linette Doyle, la joven millonaria
asesinada en la novela de Agatha Christie, *Muerte en el
Nilo.*

Lisa

Variante o abreviatura de Elizabeth.

Liza

Variante de Elizabeth. (Se pronuncia Laiza). Liza Minelli,
cantante norteamericana, protagonista de "Cabaret" y
"Arturo" e hija de Judy Garland y el director Vicent Minnelli.

Ljubica

Variación yugoeslava de "violeta". (Se pronuncia Liubica).

Lorelei

(germano) "La atrayente". Nombre de la famosa sirena de
Wagner y también de la Montaña a orillas de Río Rhin, entre
Frankfurt y Colonia. (Se pronuncia Lorelai).

Lorena

(francés) "De la región de Lorraine, Francia". Variaciones:
Lori, Lorna, Lorenia.

Lorna
Variación de Lorena

Luba
(ruso) "Amor".

Lucrecia
(latín) Posiblemente significa "Ganancia". Lucrecia Borgia, controversial personaje de la Italia del siglo VI. Famosa por sus múltiples matrimonios y amantes. Variación: Lucrezia.

Lynn
(anglosajón) "Lugar de montañas" o "torrente". La actriz inglesa Lynn Redgrave, hermana de Vanessa Redgrave.

Macarena
(español) Referente a la Virgen de la Macarena, Patrona de Sevilla.

Magdalena
(hebreo) "Mujer de Magdala". María Magdalena, la pecadora que secó el sudor de la frente de Cristo.

Mahuiztic
(náhuatl) "Admirable". Similar a Ariadna.

Mara

(hebreo) "Amargo". De este nombre se derivan el nombre de María y el de Miriam. También el nombre hebreo de la reina Mirra.

Marcela

(latín) "Perteneciente a Marte". Forma femenina de Marcos y Marcelo.

Margaret

(latín) Margarita, "una perla". La Primer Ministro británica Margaret Thatcher, "La Dama de Hierro". Variaciones: Margie, Margot.

Margarita

(latín) "Una perla". Flor de pétalos blancos y centro amarillo, muy popular en México. Variaciones: Maggie, Rita, Marga, Margaretha (holandés). Mairghread (irlandés-escocés) Gretel, Greta (escadinavo).

María

(hebreo) Marah' "amargura". María Vetsera, amante del Príncipe Rodolfo y protagonista de la tragedia de Mayerling. María, famosa canción de la película "Amor sin Barreras". Maria Estuardo, Reina de Escocia. María Medina, cantante mexicana.

Marian

(hebreo) inglés, combinación de María y Ana. Significa"amarga-bondadosa". Maid Marian, la novia del bandido inglés, Robin Hood. Variaciones: Marianne, Mariana, Marion. (Se pronuncia Merian).

Mariana
Ver Marian.

Mariel
Posiblemente una combinación de María e Isabel o de María y Elisenda. Mariel Hemingway, actriz de cine, hija de escritor Ernest Hemingway (*Las Nieves del Kilimanjaro*).

Marilyn
Variación de María. La fallecida actriz y símbolo sexual norteamericano, Marilyn Monroe (en realidad Norma Jean Baker).

Marina
(latín) "Pertenenciente al mar". La actriz mexicana Marina Marín. La princesa Marina de Grecia, esposa del Rey Jorge VI.

Marilú
Combinación de María y Luisa o abreviatura de María de Lourdes. La primera actriz mexicana Marilú Elizaga.

Marja
(polaco) Variación de María. Marja Dabrowska, escritora polaca (*Gente de Allá Abajo*).

Martha
(aramaico) "Una dama". Hermana de María y Lázaro en la Biblia. Sus variaciones: Mattie, Marthe, Moireach (escocés).

Maureen
(celta-irlandés) Mairin, "pequeña María". Maureen O'Hara y Maureen Stapleton, actrices norteamericanas. (francés

antiguo) Maurin, "de complexión obscura". (Se pronuncia Morín).

Maxine

(latín) Maxima, "grandiosa". La actriz Maxine Elliott. (Se pronuncia Maxín).

Mayahuel

(náhuatl) diosa del pulque en la mitología náhuatl, según el códice Magliabechi.

Medea

(griego) "La que gobierna". Hija del rey Aeetes de Colchis, una gran maga y profetisa. Ayudó a Jasón, líder de los argonautas, en su búsqueda del vellocino de oro y terminó casándose con él.

Megan

(griego) Megas, "la grande y poderosa". Versión galesa del nombre de Margaret. Megan la heroína de la novela de Colleen McCullough, *Amor entre Espinas*.

Melina

(latín) Melinus, "de color amarillo canario". La actriz griega Melina Mercouri.

Melania

(griego) "Oscuro". El nombre que hizo famoso Olivia de Havilland, como Melanie Wilkes en la película "Lo que el Viento se Llevó".

Melissa

(griego) "Miel; una abeja". Variaciones: Melitta, Melessa, Mellis, Melisse, Milly, Millie.

Mercedes

(español) "Misericordia". La cantante Mercedes Sosa.

Mercia

(antiguo inglés) "Procedente del reino de Mercia".

Metis

(griego) En la mitología griega fue la amante de Zeus y madre de la diosa Atena.

Metzli

(náhuatl) "La luna". Similar a la Artemisa griega.

Milly

Ver Melissa. "Milly". Película sobre los años veintes, con la cantante inglesa Julie Andrews.

Mimí

Diminutivo de Noemí o Minerva. Es la novia del Ratón Miguelito. Mimí Derba, actriz mexicana.

Minerva

(griego) Menos, "fuerza, propósito". (latín) Minerva, "la pensante". La diosa de la sabiduría y de la guerra, una de las deidades más importantes de la mitología romana, representada siempre acompañada de un buho. Nació de la sien de su padre Zeus.

Miranda

(latín) "Admirable", o "extraordinaria". La actriz inglesa Miranda Richardson.

Miriam

(hebreo) Derivado de Marah, "amargo". Nombre bíblico de la hermana de Moisés, y Aarón. Variación: Myriam. La novia de héroe de la novela *Ben Hur*.

Mirna

(celta-irlandés) Muirne, "gentil, educada". Variaciones: Myrna, Morna, Moyrna, Merna. La actriz Myrna Loy.

Miroslava

(checo) "Paz-gloria". La desaparecida actriz mexicana Miroslava ("La visita que no tocó el timbre").

Mónica

(posiblemente latín) "Consejera". El nombre de la madre de San Agustín. La actriz italiana Mónica Vitti.

Montserrat

(español) Referente a una virgen española. La cantante española de ópera, Montserrat Caballé.

Morgana

(antiguo galés) "Orilla del mar". En la mitología anglosajona, Morgan le Fay era la maga, hermana del Rey Arturo y madre del traidor Mordred, que ambicionaba el trono de su tío. Morgana, la heroína de la película "Los Vikingos".

Morna

Ver Mirna.

Moztla

(náhuatl) "El futuro".

Müge

(turco) Nombre de una pequeña flor. (Se pronuncia Miugué).

Nada

(eslavo) "Esperanza". Variación: Nadine.

Nadia

(eslavo) "Esperanza" Nadia Komaneci, espectacular gimnasta olímpica. Nadia Haro Oliva, actriz de teatro.

Nadine

Ver Nada.

Naida

(latín) Naiadis, "La ninfa del río".

Najla

(árabe) "La de los grandes Ojos". (Se pronuncia Nayla).

Naomí

(hebreo) "La agradable". Variación: Naoma. La Naomi bíblica cambió su nombre a Mara, que significa "amargura".

Nancy

(inglés-americano) Variación de Nan o de Ann. Nancy Reagan, primera dama de los Estados Unidos.

Natalia

(latín) Natalis, "Cumpleaños o día de nacimiento".
Variaciones: Natalie (inglés o francés), Noelle (francés),
Natasha (eslavo), Nathalia. La actriz Natalie Wood ("Amor sin
Barreras").

Natasha

(eslavo) Variación de Natalia.

Narayama

(hindú) Es la diosa del río de la mitología hindú.

Narda

(latín) Nardus, "Unguento fragante". El nardo es una flor
blanca de gran fragancia.

Natalí

Variación de Natalia.

Naxca

(náhuatl) "Mía".

Neda

(eslavo) Nedjelja, "nacida en domingo" o variación del
antiguo inglés Eadweard, "guardián próspero".

Nellie

Diminutivo de Elena, Cornelia, Eleonora. Variaciones: Nelly,
Nellis, Nely, Nela.

Nehama

(hebreo) "Consolación".

Nekane
(vasco) Variación de Dolores.

Nema
(náhuatl) "Vivir".

Nerina
(griego) Nereos, "nadadora, procedente del mar". La actriz mexicana Nerina Ferrer. Es una forma de Nereis, antigua ninfa marina de la mitología griega. Variación: Nerissa.

Nicola
Forma femenina de Nicolás. (Se pronuncia Nícola).

Nicole
(griego) Nikolaos, "ejército victorioso, pueblo victorioso".

Nili
(hebreo) "Azul como el Nilo".

Nina
(español) "Niña", o diminutivo de Irina o Anna. Nina Ricci, diseñadora de fama mundial y creadora de perfumes como "Coeur Joie", y "L'Air du Temps" que se venden en más de 130 países. La conocida profesora de ballet clásico Nina Shestakowa.

Noelle
(francés) Variación de Natalia y forma femenina de Noel. Noelle Page, personaje central de la novela de Sidney Sheldon *Más allá de la Medianoche*. La actriz Noelia Noel.

Nohema

(griego) "Pensamiento". También puede ser la versión femenina de Noé.

Nohemí

Forma femenina de Noé. La Nohemí bíblica fue esposa de Elimélek. Variación: Noemí.

Nora

(Diminutivo de Leonora u Honora). Variación: Norah. La escritora Norah Lofts.

Norma

(latín) "Una regla, patrón o concepto". La ópera "Norma" de Bellini.

Nydia

(latín) "Procedente del nido".

Odette

Ver Otilia.

Ofelia

(griego) "Ayuda". Ofelia, la novia de Hamlet, quien se suicida ahogándose en un riachuelo. La actriz mexicana Ofelia Medina. Variación: Ophelia.

Olga

(antiguo nórdico) Halag, "la sagrada". Santa Olga, una duquesa rusa del siglo X. La vedette-violinista Olga Breeskin. La cantante cubana Olga Guillot y su hija, la cantante Olga María. La gimnasta olímpica Olga Korbut.

Oliva

(latín) "Olivo, planta que representa la paz".

Olivia

(griego) "Derivado del olivo". Olivia de Havilland, la actriz intérprete de Melanie Wilkes, en la película "Lo que el Viento se Llevó", y ganadora de dos "Oscares". La cantante australiana Olivia Newton-John.

Olympia

(griego) "Procedente del Olimpo. Olympia Aldobrandini, esposa de David de Rothschild, y nuera de los barones de Rothschild. Variación: Olimpia.

Oma

(árabe) " Amor" o "la que gobierna". Oma es la forma femenina de Omar.

Otilia

(germano) "La madre tierra". Variaciones: Ottillie, Uta, Odette.

Oyomal

(zapoteca) "Estrella". Según la leyenda "Las Flores del Lago Oaxaca", Oyomal fue una estrella que se enamoró de un príncipe y se casó con él a pesar de haber sido advertida que su dicha duraría solo un día y una noche, pues al día siguiente se convertiría en una flor de lago.

Palmeira
(brasileño) Procedente de una ciudad de Brasil.

Palmira
(sirio) Ciudad siria de la antiguedad.

Paloma
(español). Hija del gran pintor español Pablo Picasso,
Paloma Picasso. También Paloma Cordero de De La Madrid,
primera dama de México (1982-88).

Pamela
(griego) Pam-meli, "todamiel". Nombre inventado por Sir
Philip Sidney en 1590 para un personaje de "Arcadia",
utilizando esos dos términos griegos. Pamela Bellwood,
actriz protagonista de la serie de televisión "Dinastía".

Pandora
(griego) Nombre de la esposa del titán Epitemeo, hermano
de Prometeo, quien fue creada por Zeus para que su
curiosidad provocara la caída de la raza humana, al abrir un
frasco que contenía todas las enfermedades y desdichas que
Prometeo había ocultado por mucho tiempo, para proteger a
sus criaturas. También el personaje de Ava Gardner en
"Pandora y el holandés volador".

137

Pastora

(español) Nombre de una popular actriz y presentadora española, Pastora Vega. También Pastora de los Reyes, personaje de Carmen Sevilla en la película "Gitana tenías que Ser", con Pedro Infante.

Paula

(latín) "Pequeña". Variaciones: Paulette, Pauly, Pola. Paulette Godard y Pola Negri, actrices.

Paulina

(latín) Variación de Paula. Paulina Bonaparte, hermana del gran Napoleón Bonaparte. Personaje altamente influencial en Francia en su época. Antonio Canova la esculpió semidesnuda como "Venus Vencedora".

Patricia

(latín) Patricius, "la noble". Patricia Berumen. Patricia Morán, Patricia Ancira, actrices mexicanas. Santa Patricia, patrona de Nápoles, Italia.

Paz

(latín) Pacis, "tranquilidad".

Penélope

(griego) "Hiladora" o "aquella cuyo rostro está cubierto por una gaza". Esposa de Ulises en la obra *La Odisea,* de Homero, evadió pretendientes a su mano y al trono durante veinte años, bordando de día y desbaratando de noche, esperanzada en que su esposo volviera, y así fue.

Peninah

(hebreo) "Perla".

Perihan
(turco) "El genio real". (se pronuncia periján)

Perséfone
(griego) "Destructora". Hija de la Diosa Demeter en la mitología griega, fue raptada por Plutón para hacerla su esposa y diosa del averno. También conocida como Proserpina o Core.

Pia
(italiano) "Piadoso". Pia Zadora, actriz y esposa del millonario Meshulam Rilis, que comenzara como cantante en 1960.

Pollyanna
Combinación de Polly y Anna. Película con Hayley Mills, de los Estudios de Walt Disney.

Polly
Variación de Paula.

Priscilla
(latín) "De tiempos pasados o antiguos". Priscilla Presley, viuda de Elvis Presley y actriz de la serie "Dallas".

Prioska
(húngaro) "Sonrosada"

Proserpina
Ver Perséfone.

Prudencia
(latín) "Visión, inteligencia". La gran actriz mexicana Prudencia Grifell. "Prudencia y la Píldora", película con David Niven y Deborah Kerr.

Psique

(griego) "Alma". De la leyenda "El Amor y Psique", que relata el romance de la bella princesa Psique y de Cupido, el hijo de la diosa Venus.

Rebeca

(hebreo) "Yugo". La Rebeca Bíblica fue la esposa de Isaac. La novela "Rebecca", de Daphne du Maurier. La actriz mexicana Rebeca Jones.

Regina

(latín) "Reina". Elizabeth Regina, hija del Rey Enrique VIII y de Ana Bolena.

Renata

(latín) "Nacida de nuevo". Renata Tebaldi, cantante de ópera italiana, rival de la griega María Callas.

Rita

Diminutivo de Margarita. Rita Moreno, cantante y actriz portorriqueña ("Anita" en la película "Amor sin Barreras".)

Roberta

Versión femenina de Roberto. Roberta, actriz y cantante mexicana.

Robin

Diminutivo de Roberta. Variaciones: Robena, Robenia, Robina.

Robina

Ver Robin.

Rocío

(latín) "Bañada por el rocío de la mañana". La periodista Rocío Villagarcía. La actriz y cantante Rocío Banquells y la cantante española Rocío Jurado.

Roma

(latín) Nombre de la Ciudad Eterna. Variación: Romy. La actriz alemana Romy Schneider.

Rosa

(latín) "Rosa". Flor. Variaciones: Rose (inglés), Ruzena (checo), Ruza (yugoeslavo), Ruusu (finlandés). Rosa María Moreno y Rosa Gloria Chagoyán, actrices mexicanas.

Rosalinda

(español) "Una rosa bella".

Rowena

(anglosajón) "Fama-amiga", (galés) "cabello largo y blanco". Nombre de una dama de la novela *Ivanhoe* de Sir Walter Scott. (Se pronuncia Rowina)

Rosana

(persa) "Amanecer". Roxana, esposa de Alejandro el Grande. Variación: Roxane. Roxane, el amor platónico de Cyrano de Bergerac.

Ruth
(hebreo) "La compasiva" o "la bella".

Ruza
(yugoeslavo) Variación de Rosa.

Ruzena
(checo) Variación de Rosa.

Saba
(hebreo) Nombre de un lugar bíblico (hoy Yemen). La Reina de Saba.

Sabina
(latín) "Mujer sabina". Relacionado con el rapto de las sabinas por los romanos. María Sabina, la sacerdotisa de los hongos de Oaxaca.

Sabrina
(latín) "Procedente de los linderos". La película "Sabrina", con Audrey Hepburn. La bruja buena de las tiras cómicas, Sabrina ("Archie").

Sahad
(árabe) "Felicidad".

Salıha

(turco) "La del buen corazón" o "la bondadosa". (Se pronuncia Sáliha)

Samantha

(aramaico) "La que escucha". Samantha Stevens, la bruja de la serie de televisión, "Hechizada", protagonizada por Elizabeth Montgomery.

Sara

(hebreo) "Princesa". Sara Ferguson, esposa del Príncipe Andrés de Inglaterra y Duquesa de York. También significa "la que ríe". Sarah Bernhardt, gran actriz inglesa del siglo pasado.

Scarlett

(inglés) "De color escarlata". La heroína de la novela "Lo que el Viento se Llevó", Scarlett O'Hara, protagonizada en cine por Vivien Leigh.

Sedna

(esquimal) Personaje de la leyenda "La mujer que fue Lanzada por la Borda", que relata la historia de una joven casada con un fantasma, muerta por su padre y que por fin descansa en espíritu en el Adliden, o lugar de las almas.

Selene

(griego) "Resplandor".

Semele

(griego) Hija de Kamos y de Armonía en la antigua Tebas. Amante de Zeus y madre del dios Baco. Al insistir en ver a Zeus tal cual era (a instancias de la celosa Hera), los rayos del dios la calcinaron.

Semíramis

(asirio) Hermosa reina de Asiria, quien reconstruyó Babilonia y a quien se deben los famosos jardines colgantes de Babilonia.

Senta

(germano) Protagonista de la ópera de Wagner, "El Buque Fantasma", en la que ella se enamora de un marino extranjero y al creer él que Senta era infiel, ella se arroja al mar descubriendo así que el marino era en realidad un fantasma, con el que queda unida en un eterno abrazo. Senta Berger, actriz.

Serena

(latín) "Tranquila". Esposa de Diocleciano, emperador de Roma. Serena, la bruja, prima de Samantha Stevens en la serie de televisión "Hechizada".

Shamatu

(sumerio) "La gracia". Nombre tomado de la "Epopeya de Gilgamesh" de la mitología sumeria.

Sherry

(inglés) "Jerez". Sherry Franz, actual compañera del actor Tony Curtis.

Sibel

(turco) "La primera gota de lluvia" o una variación del francés "si belle" ("demasiado bella").

Sigrid

(sueco) "Consejo-conducir".

Silvana

(latín) "El que vive en los bosques". La actiz Silvana Mangano.

Silvia

(latín) "La que ríe". La hija del rey Numitor de Alba, en la mitología romana, quien fue forzada a convertirse en sacerdotisa virgen pero resultó encinta al ir al Río Tíber por agua y abordarla el dios Marte. Así nacieron los gemelos fundadores de Roma, Rómulo y Remo.

Sirka

(finlandés) "La que hace música como los grillos".

Sissy

Diminutivo de Elizabeth. La Emperatriz Elizabeth de Austria, llamada en la película de Romy Schneider, "Sissy Emperatriz".

Sita

(hindú) Esposa de Rama, el héroe de la mitología hindú, acompañó a su esposo en su destierro a la selva durante muchos años.

Sofía

(griego) "Sabiduría". La actual Reina de España, Doña Sofía de Borbón. La pintora mexicana Sofía Bassi. La Princesa Sofía de Habsburgo.

Sondra

Variación de Sandra. Sondra Locke, actriz norteamericana y esposa del actor Clint Eastwood.

Susana

(hebreo) Shoshannah, "lirio o lirio agraciado". Susana
Alexander y Susana Cabrera, actrices mexicanas.
Variaciones: Susan, Suzanne, Susannah (inglés), Zsuzsa o
Zsa Zsa (húngaro). Susannah York, actriz. Susan Sarandon,
actriz.

Tabitha

(aramaico) "Una gacela". Personaje de la serie de televisión
"Hechizada", donde personifica a la hija de Samantha y
Darren, que también salió bruja. (Se pronuncia Tábata).

Tallulah

(indo/americano) Nombre de un lugar en norteamérica. La
actriz Tallulah Bankhead.

Tamara

(hebreo) Tamar, "palmera". La actriz mexicana Tamara
Garina, protagonista del programa "La Bruja Maldita".
Tamara, hija del cantante español Julio Iglesias y de la
Marquesa de Griñón, Isabel Preysler.

Tammy

(hebreo) Tema, "perfección". La película con Debbie
Reynolds, "Tammy, Flor de los Pantanos".

Tanya

(ruso) Abreviatura de Tatiana. La actriz Tanya Roberts, de
"Los Angeles de Charlie".

Tara

(irlandés) "Pináculo de roca". Nombre de las tierras de la
familia O'Hara en la película "Lo que el Viento se Llevó".

Tatiana

(ruso) (significado desconocido).

Temis

(griego) "Orden, justicia". En la mitología griega personificaba
la ley y era la madre de las horas y de las estaciones.

Teodora

(griego) "Regalo de Dios". Variaciones: Fedora, Feodora
(eslavo).

Teotetl

(náhuatl) "Piedra divina".

Teresa

(ver Theresa)

Terry

Diminutivo de Theresa y Teresa.

Thalía

(griego) "Floreciente". Una de las nueve musas de la
mitología griega, representante de la música. Thalía,
cantante y actriz mexicana ("Timbiriche" y "Quinceañera").

Thelma

(griego) Thele, "niño lactante". La vedette Thelma Tixou.

Theresa

(griego) Theriso, "la que cosecha". Variaciones: Teresa, Terry, Tessa, Tessie, Thérese (francés), Toireasa (irlandés). La primera actriz María Teresa Rivas.

Tirza

(hebreo) "Agradabilidad". La hermana de Ben Hur, que contrae lepra y es curada por Cristo.

Titania

(griego) Titán, "gigante". La reina de las hadas en la obra *Sueño de una Noche de Verano,* de William Shakespeare.

Titl

(náhuatl) "De nuestro vientre".

Tlalli

(náhuatl) "Tierra".

Tlayequitali

(náhuatl) "Agradable".

Tlazoltéutl

(náhuatl) Una diosa de la tierra y del amor en la mitología náhuatl. Es uno de los ciclos de nueve días conocidos como "Compañeros de la Noche" en el Calendario Azteca.

Tulia

(latín) "Aquella que alegra la vida".

Tyra

(escandinavo) Forma femenina de Thor, el dios del trueno en la mitología nórdica.

Tzopeletl

(náhuatl) "Agua Dulce, como de río".

Ulrica

(germano) "Gobierno de lobos". Forma femenina de Ulrick.

Una

(celta) Equivalente a Agnes, Inés o diminutivo de Winifred. Variación: Oona.

Urania

(griego) "Del cielo". Una de las nueve musas de la mitología griega, representante de la astronomía.

Ursula

(latín) "Pequeña osa". Ursula Andress, actriz sueca. Ursula Pratt, actriz mexicana. Santa Ursula, santa de Cornwall, Inglaterra, en el siglo V.

Uta

(germano) La reina Uta de Borgoña, madre de Bunther y Krirnilda según la mitología germana y la ópera de Wagner.

Vaitiare

(polinesio) Vaitiare, la modelo tahitiana, una de las más cotizadas del mundo. Se le relacionó románticamente con el cantante Julio Iglesias durante algún tiempo.

Valeria

(español) Nombre de una ciudad española de la antiguedad. Valeria Donatti, personaje central de la telenovela "Muchacha Italiana viene a Casarse", con Angélica María y Ricardo Blume.

Vanessa

Nombre inventado para la literatura por Dean Swift. La telenovela "Vanessa" protagonizada por Lucía Méndez. La actriz inglesa Vanessa Redgrave, ("Camelot" y "Julia").

Vera

(ruso) "Fé"; (latín) "verdadera". La checoslovaca campeona olímpica de gimnasia, Vera Cavlavska, quien contrajo matrimonio en 1968, en la Catedral de la ciudad de México.

Verónica

(latín-griego) "Imagen verdadera". La canción "Verónica", del desaparecido Víctor Iturbe, "El Pirulí". Verónica Loyo y Verónica Castro, actrices mexicanas

Veronique

(francés) Variación de Verónica. Veronique Peck, esposa del conocido actor norteamericano Gregory Peck.

Victoria

(latín) Forma femenina de Víctor. La película "Víctor-Victoria", con Julie Andrews y Robert Preston. La actriz Victoria Ruffo. La Reina Victoria de Inglaterra, quien convirtió su país en el imperio más grande del mundo.

Viola

(latín) "Violeta". Viola, la cantante, esposa del también cantante, el desaparecido Guadalupe Trigo.

Violeta

(latín) "La flor de la modestia". La cantante sudamericana Violeta Parra.

Viridiana

(español) (significado desconocido). Película del director Luis Buñuel, interpretada por Silvia Pinal. La desaparecida actriz Viridiana Alatriste, hija de Silvia Pinal y de Gustavo Alatriste.

Virginia

(latín) "Pura". La desaparecida actriz Virginia Fábregas. La actriz Virginia Gutiérrez. El estado norteamericano de Virginia.

Viviana

(latín) "Llena de vida". Variaciones: Vivian, Vivien.

Vivien

Variación de Viviana. La actriz inglesa Vivien Leigh, esposa de Lawrence Olivier y protagonista de Scarlett O'Hara en la película "Lo que el Viento se Llevó".

Walda

(antiguo germano) "Gobernante".

Wanda

(antiguo germano) "La que va errante". Variación: **Wendi**.

Wendy

Diminutivo de Gwendolyn o Güendolina. Variaciones: **Wenda, Wendi**. Wendy, la hermana mayor de los tres niños que visitan la tierra de "Nunca Jamás" con Peter Pan. La actriz Wendy Hiller.

Wilma

(germano) Derivado de Wilhelm (Guillermo). Wilma, la espósa de Pedro Picapiedra en las caricaturas de Hannah-Barbera. (Se pronuncia Vilma)

Wynne

(antiguo galés) "De pálida complexión". (Se pronuncia Güin).

Xally
(náhuatl) "Arena".

Xalpiccilli
(náhuatl) "Arena menuda" o "arena fina".

Xenia
(griego) "Huésped".

Ximena
(español). Variación: Jimena. doña Jimena, esposa del Cid Campeador, Rodrigo Díaz de Vivar. Ximena Lapuente, la incansable luchadora por la libertad de México en la telenovela "Los Caudillos", intepretada por Silvia Pinal. La cantante mexicana Guadalupe Ximena.

Xochiquetzal
(náhuatl) Era la diosa de las flores en la mitología náhuatl.

Xrysw
(griego) "Criso", "oro" (Se pronuncia Jriso).

Xúchitl
(náhuatl) "Flor" La princesa Xúchitl, heroína de la novela *El*

Corazón de piedra Verde, en la que se casa con un noble español.

Xylona
(griego) "Perteneciente al bosque".

Yamile
(árabe) "Bella".

Yara
(tupí) "Señora". La telenovela "Yara", con Angélica María.

. Yasmina
(árabe) Variación de Jazmín. Yasmina Aga Khan, hija del Aga Khan y de la actriz Rita Hayworth.

Yolanda
(griego) "Bella como una violeta".

Yolia
(náhuatl) "Corazón femenino".

Yolotzin
(náhuatl) "Corazoncito".

Yoyotl
(náhuatl) "Corazón".

Yuridia
(de la parte lacustre del occidente de México) La cantante juvenil Yuri.

Yuval
(hebreo) "Música, melodía".

Yvette
Femenino de Yves. Variación: Ivette, Jytte (danés). Significa "pequeño arquero".

Yvonne
(antiguo inglés) "Arco de tejo". Forma femenina de Yves. Yvonne de Carlo, actriz protagonista de Lili, la esposa de Herman Munster. Variación: Ivonne.

Zacnité
(maya) "Flor blanca".

Zaira
(árabe) "Llena de flores".

Zara

(probablemente árabe, derivado del francés) Zaire, floreado". Zara Phillips, hija de la Princesa Ana de Inglaterra y del Capitán Mark Phillips.

Zina

(origen desconocido). La tenista norteamericana Zina Garrison.

Zivia

(ver Sivia).

Zofeyah

(hebreo) "Dios mira". Posible variación de Sofía.

Zoraida

(árabe) "La elocuente".

Zsa Zsa

(húngaro) Variación de Susana. La actriz de los muchos matrimonios, Zsa Zsa Gabor.

Zsuzsa

(húngaro) Variación de Susana.

Zulema

(árabe) "Sana y vigorosa". Variación: Sulima, Uno de los personajes de *Los cuentos de la Alhambra* de Washington Irving.

Nombres COMBINADOS

Desde épocas remotas ha sido popular la combinación de nombres para los nuevos integrantes de la familia. El nombre del padre y del abuelo; el de la madre y la tía; y hasta el de la exnovia y la hermana.

En los casos de la realeza llegan a utilizar nombres de antecesores lejanos, como en el caso del primogénito del Príncipe Carlos y de la Princesa Diana. El infante se llama nada menos que William Arthur Philip Louis, así que lleva el nombre del Duque Guillermo el Conquistador, el del Rey Arturo (el de la Tabla Redonda), el de su abuelo Felipe y el de su tío Lord Louis Mountbatten (el último virrey de la India).

Mi bisabuela, por ejemplo , se llamó María Julia Herminia Ana Guadalupe De los Dolores (uufff...), y en fecha reciente se presentó un bebé en Inglaterra al que hubo que registrarle en más de tres páginas debido a que sus originales padres le habían puesto ¡más de 120 nombres! Como verán, queridos lectores, hay quien exagera.

En cambio, hay quienes hacen combinaciones significativas y convenientes. Si juntamos Soyla y Reina y la chica se casa con un individuo apellidado Del Castillo, pues resulta que subió de rango al convertirse en "Soyla Reina Del Castillo". Si el nuevo esposo es únicamente Godínez, de todos modos conviene, pues por lo menos tendrá marido y vasallo al mismo tiempo.

En realidad en materia práctica, dos nombres son suficientes, especialmente tomando en cuenta que en otros países el segundo nombre de pila es legalmente necesario, ya que el apellido materno no se utiliza para nada, y el paterno lo pierden las chicas al casarse. Así que sólo les queda para identificarse el nombre o nombres que ustedes eligieron para él o ella.

En esta sección encontrarán varias combinaciones de nombres, incluyendo los que la televisión ha hecho famosos (¡vayan bien juntos o no!) para su consideración y juicio personal.

COMBINACIONES PARA SU NIÑO

Agustín Víctor (como el fundador de la dinastía de fotógrafos Casasola)
Carlos Augusto
Fernando José (como el primer nombre del Emperador Maximiliano)
Francisco José (como el archiduque austriaco)
Francisco Javier (como el héroe Francisco Javier Mina)
Gustavo Adolfo (como el Rey de Suecia)
Jorge Alejandro

Jorge Arturo
Jorge Enrique
Jorge Ernesto
Jorge Luis (como el escritor Jorge Luis Borges)
Jorge Manuel
José Antonio
José Arturo
José Carlos (como el actor José Carlos Ruíz)
José de Jesús
José Elías (como el actor José Elías Moreno)
José Francisco
José José (como el cantante mexicano)
José Juan
José María
Juan Antonio
Juan Carlos (como el Rey de España)
Juan Daniel
Juan de Dios (como uno de "Los Tres Huastecos")
Juan Felipe
Juan Francisco
Juan José
Juan Luis
Juan Manuel (como Juan Manuel Serrat)
Juan Pablo (como el Papa Juan Pablo II)
Juan Andrés
Julio César (como el emperador romano)
Julio María (como el fotógrafo de cámara del emperador Maximiliano)
Marco Antonio (como el tribuno romano, amante de Cleopatra)
Marcos Aurelio (como el emperador romano)
Marco Vinicio
Marcos Andrés
Mario Alberto
Mario Alejandro
Mario Andrés

Nombres combinados

Mario Arturo
Mario Enrique
Mario Felipe
Miguel Angel (como el pintor Miguel Angel Buonarrotti)
Miguel Enrique
Plácido Domingo (como el cantante de ópera)
Víctor Arturo
Víctor Manuel

COMBINACIONES PARA SU NIÑA

Ana Bertha (como Ana Bertha Lepe)
Ana Cecilia
Ana Celia (como la hija de Kippy Casado)
Ana Cristina
Ana Elena
Ana Laura (como la cantante)
Ana Leticia
Ana Karen (como el personaje de "Pasión y Poder")
Ana Karime
Ana Patricia
Ana Paola
Ana Paula
Ana Rosa
Ana Sofía
Alma Delia
Alma Rosa
Alma Silvia
Beatriz Adriana
Beatriz Eugenia
Bertha Alicia
Blanca Estela
Claudia Fabiola

Nombres combinados

Flor de María
Hilda Eugenia
Juana María
Julia Luisa
Laura Elena
Luisa Elena
Luisa Fernanda
Luz Adriana
Luz Angélica
Luz Elena
Luz María
María Andrea
María Antonia
María Antonieta (como la Reina de Francia)
María Augusta (la baronesa Von Trapp, de "La Novicia Rebelde")
María Candelaria (como la película de Dolores del Río)
María Dolores (como la cantante María Dolores Pradera)
María de la Concepción
María de la luz
María de la Paz
María de Lourdes
María del Carmen
María del Mar
Maria del Pilar (monja mártir española)
María del Sol
María de los Angeles
María Elena
María Elisenda
María Elvira
María Esther
María Eugenia
María Fernanda
María Gabriela
María Isabel (como la telenovela mexicana)

Nombres combinados

María José
María Julia
María Laura
María Lida
María Luisa
María Teresa (como María Teresa Rivas)
Maricruz (como Maricruz Olivier)
María Mercedes
Marina Doria (esposa de Víctor Manuel De Saboya)
Martha Elena
Martha Eugenia
Martha Laura
Martha Luisa (como la princesa noruega)
Martha María
Norma Jean (nombre verdadero de Marilyn Monroe)
Sandra Eugenia
Sandra Elena

Nombres DEVOTOS

Esta sección incluye una lista de algunos nombre que yo daría en llamar "devotos", puesto que son una mezcla entre religiosos, piadoso y de cualidades.

Se recomiendan principalmente a quienes tengan un especial apego a la Iglesia.

Para Niña

Ascensión
Angeles
Caridad
Concepción
Constancia
Crucifixión
Cruz

Divina
Dolores
Encarnación
Esperanza
Fe
Iluminada
Inocencia

Nombres devotos

Librada
Mercedes
Milagros
Perpetua
Pura
Refugio

Remedios
Resurrección
Rosario
Santa
Socorro
Soledad

Para Niño

Clemente
Cristo
Cruz
Inocencio

Inocente
Modesto
Salvador
Severo

Nombres
...SIN COMENTARIOS

En esta sección, como su nombre lo indica, me reservo los comentarios (por razones obvias, como usted verá).

Sin embargo, incluyo estos nombres con todo respeto para quienes tengan gustos muy especiales y para los arriesgados que no teman caer de la gracia de sus hijos en cuanto éstos comiencen la escuela...

Para Niño

Abundio	Audifaz
Agapito	Augurio
Alcibiades	Austreberto
Aldegundo	Bardomiano
Amancio	Bulmaro
Aquilino	Cidronio

Nombres... sin comentario

Cirenio
Diodoro
Eleuterio
Elfego
Epigmenio
Filogonio
Graciano
Hilario
Honorato
Macario
Macedonio
Maclovio
Macrasio
Magencio
Nicodemo
Nepomuceno
Nicomedes

Nicasio
Oberlín
Pascasio
Pipino
Policarpo
Praxedis
Procopio
Ranulfo
Recaredo
Rogaciano
Rutilo
Saturnino
Soylo
Tiburcio
Taurino
Torcuato
Urbano

Para Niña

Ambrodema
Balvina
Bartola
Blandina
Benigna
Bonajunta
Caritina
Ciriaca
Cunegunda
Danica
Digna
Dosinda
Epifania

Elitania
Elzbieta
Edulburga
Eudosia
Eulapia
Filadelfa
Fredesminda
Gildarda
Herculana
Honarina
Lambertina
Laurentina
Librada

Naborita
Nunilona
Pancracia
Pentesilea
Petronila
Potamiena
Pulcheria

Serafina
Serapia
Serótica
Tecla
Trifonia
Tránsito
(¡.. Y debe haber más!)

¿orgulloso? DE SU NOMBRE?

A usted le escogieron sus padres el nombre con gran cuidado. Preguntaron a toda la familia, consultaron libros de mitología, psicología y hasta el horóscopo para saber cuál era el nombre más conveniente y atractivo. Sin embago, ¿cómo fue que terminaron diciéndole "Pompín"?

Su amigo de toda la vida tiene un nombre de gran resonancia: Francisco José Antonio (suena a emperador, ¿verdad?), entonces ¿por qué se le ha conocido siempre como Paco-Pepe-Toño?

Estos son casos totalmente reales, pues además de los consabidos Chata, Enano, Nena, Gordo, Flaco, Prieta, Güero, Chueco, Totis, Mana, Chapis, etc., hay una gran serie de deformaciones de los nombres que usted debe tener en cuenta para el momento de elegir el nombre del bebé

Lo que puede pasar

En esta sección me he permitido mostrar algunos de estos "apodos cariñosos" con que familiares y amigos nos hacen el favor de destruir ese nombre del que estamos tan orgullosos.

Si se llama...	Podria quedar en...
Agustín	*Tin*
Alberto	*Beto, Al, Betito*
Alejandro	*Ale, Janito*
Alfonso	*Poncho, Ponchín*
Antonio	*Toño, Tony*
Armando	*Mando*
Cuauhtémoc	*Temoc ,Cuau*
Damián	*Mián*
Eduardo	*Lalo, Yayo*
Emilio	*Milo*
Enrique	*Quique, Quiquito*
Ernesto	*Neto, Teto, Erni*
Federico	*Freddy*
Francisco	*Paco, Pancho, Paquirri, Paquito*
Francisco José	*Paco-Pepe*
Fernando	*Nando, Nano, Fer*
Gonzalo	*Chalo*
Guillermo	*Memo, Memín*
Gustavo	*Gusi, Tavo*
Humberto	*Betín, Tito, Beto*
Ignacio	*Nacho, Tacho*
Jacinto	*Chinto*
Jesús	*Chuy, Chucho, Chuchito*
John	*Jack, Juan*
Jorge	*Coque, Coquito, Pollo*
José	*Pepe, Pepino, Pipíno*

José Antonio	*Pepe_Toño*
José Francisco	*Pepe-Pancho*
José María	*Chema*
Juan	*Juanón, Juancho*
Leonardo	*Nayo*
Leopoldo	*Polo*
Luis	*Güicho*
Manuel	*Manolo, Manolín*
Mariano	*Chano*
Miguel Angel	*Caque*
Napoleón	*Napo*
Pedro	*Perico*
Refugio	*Cuco*
Ricardo	*Ricky, Rich*
Roberto	*Robe, Beto, Betito*
Rodolfo	*Fito*
Salvador	*Chava, Chavo*
Sergio	*Queco, Checo*
William	*Bill, Billly, Memo*

Si se llama...   Podria quedar en...

Alicia	*Licha*
Ambar	*Ambaruca, Boru*
Angela	*Gela*
Angelina	*Cholina*
Antonia	*Toña, Toñis*
Ana Luisa	*Anilú*
Beatriz	*Betty*
Domitila	*Domi (que en este caso mejora)*
Carmen	*Carmela, Mela, Melis*
Cecilia	*Ceci, Chechi*
Concepción	*Concha, Conchis*
Consuelo	*Chelo, Chelín*

Lo que puede pasar

Cristina	*Titina, Cris, Cristi*
Emilia	*Mila*
Enriqueta	*Queta*
Ernestina	*Ernes, Tina*
Esperanza	*Lancha, Esper, Pelancha*
Eugenia	*Genis, Kena*
Francisca	*Pancha, Peca*
Gabriela	*Gaby*
Guadalupe	*Lupe, Pita, Lupina*
Hortensia	*Tencha*
Isabel	*Chabela, Chabe*
Jocelyn	*Josy*
Josefa	*Pepa, Chepa*
Josefina	*Chepina, Pina*
Leticia	*Lety, Tisha*
Luz	*Lucha*
María	*Mary, Maruca*
María Alicia	*Malicha*
María Azucena	*Maríachuchena*
María José	*Maripepa*
María de Lourdes	*Malú, Marilú*
María Luisa	*Malú*
María Teresa	*Maritere, Maité*
Marcela	*Marce, Mayeya*
Mercedes	*Meche*
Minerva	*Mimí*
Noemí	*Mimí*
Norma	*Momis, Moma*
Patricia	*Patty, Pato*
Penélope	*Penny*
Refugio	*Cuca*
Rocío	*Chío*
Rosario	*Chayo, Charo*
Samantha	*Sam, Sammy*
Sandra	*Sandis, Tanita, Sandy*

Silvia	*Chivis*
Tamara	*Tammy*
Victoria	*Vicky*
Virginia	*Vicky, Virgen*